사바의 꽃

河喜珠 제2시집

푸른사상

앞 풀 이

  산에 들에 피는 푸나무의 꽃, 어찌 그것만을 꽃이라 하겠는가? 무릇 아름다운 것은 다 꽃이 아니겠는가?
  사바는 괴로움의 세계, 그래서 참고 견디어야 하는 세계란다. 무엇으로 참고 견딜 수가 있는가? 아름다운 꽃을 피움으로써다.
  무엇이 사바의 아름다운 꽃인가? 진리의 발견은 학자가 피우는 참되어 아름다운 꽃이요, 선행의 실천은 도덕가가 피우는 착하여 아름다운 꽃이요, 고운 상념을 구체적 사물로 형상화하는 것은 예술가가 본업으로 피우는 아름다운 꽃이며, 그 중 문학이라 하는 것은 언어를 소재로 하는 아름다운 꽃이거니와 시(詩)는 과연 무엇인가?
  강물처럼 흐르고 바다처럼 너울거리며 치솟아 부서져 잉태한 무지개를 찬연하게 비추는 물보라 같은 율어(律語)로 피워 내는, 꽃 중의 꽃이 아니겠는가?

산야의 꽃은 저절로 피지마는, 사바의 꽃은 사람이 피워야만 핀다. 그것은 저를 붙드는 자만을 면접하고, 해찰하는* 자는 면전에서도 외면한다. 꽃 중의 꽃 곧 시라는 꽃이 어찌 더욱 그러지 아니하겠는가?

이처럼 시라는 꽃은 참으로 붙잡기 어렵고 놓치기 쉬운 것이다. 그러므로 시인은 시가 피어날 토양을 찾아, 톺고* 톺아서 씨를 뿌리고 기르고 가꾸어서 꽃을 피우되 끊임없이 더 고운, 더더 향기로운 것으로 새롭혀* 나아가야 한다. 이것이 시인이 짊어진 짐이요, 정진할 길이며, 누리는 바 낙(樂)이다.

*해찰하다 : 여기선 '한눈팔다'의 뜻.
*톺다 : 샅샅이 더듬어 뒤져서 무엇을 찾다.
*새롭히다 : 새로운 것으로 만들다.

앞풀이 · 5

제 1 부 안 보이는 곳

여기는 어디 ………………………………… 15
꽃을 보며 …………………………………… 16
별유천지(別有天地) ………………………… 18
영생(永生)의 방식 ………………………… 20
보이지 않는 끈 …………………………… 22
어련하시리이까 …………………………… 23
파상진(波狀陣) …………………………… 25
엉뚱한 꿈 ………………………………… 27
마른잎나비(枯葉蝶) ……………………… 29
씨앗의 힘 ………………………………… 30
검열관(檢閱官) …………………………… 32
안 보이는 손 ……………………………… 34
불가사의 …………………………………… 35
안 풀려 …………………………………… 36
쓰르라미 우는 소리 ……………………… 37
정의(正義)가 샌다 ………………………… 38
초목은 어찌하여 ………………………… 39
초목의 의식(意識) ………………………… 41
공작새와 도마뱀 ………………………… 42
목구멍에 문제 있다 ……………………… 43
알아맞히기 ………………………………… 44

제 2 부 속풀이 노래

압구사(狎鷗詞) ………………………………………… 47
도화원(桃花源) 옹달샘 ……………………………… 48
광한전(廣寒殿)의 밤 ………………………………… 50
옥수담(玉水潭) 야화(夜話) ………………………… 52
법고(法鼓) ……………………………………………… 54
팔맷돌 …………………………………………………… 55
태고(太古)의 새 ……………………………………… 56
요즈음 오는 전하 ……………………………………… 58
이순(耳順) 풀이 ……………………………………… 59
꿈의 개발 ……………………………………………… 60
호접몽(胡蝶夢) ………………………………………… 61
나를 건지는 나 ………………………………………… 62
수심결(修心訣) 1 ……………………………………… 63
수심결 2 ………………………………………………… 64
수심결 3 ………………………………………………… 65
수심결 4 ………………………………………………… 66
수심결 5 ………………………………………………… 67
전북찬가(全北讚歌) …………………………………… 68
전북송가(全北頌歌) …………………………………… 71

제 3 부 가시나무꽃

가마우지 75
굴비 같은 것 77
정문일침(頂門一鍼) 79
효빈족(效顰族) 80
그들은 좋겠네 <평시조와 반사설시조> 81
모발(毛髮) 오염 사태 <평시조와 반사설시조> 82
아이러니 83
발레춤(Ballet) 84
먹을콩 85
콩방아타령 86
기적 아닌 기적 87
국풍(國風) 오염 88
사과 상자 89
탱자 같은 사람 90
살구〔杏〕 91
아리랑 별곡 92
종살이와 해방 95
세계화와 사대주의 97

제 4 부 언어유희

여우들이 기쓰네 101
상수리 103
도토리 104
아그배〔山査子〕 105
오랜지 106
따져보기 107

제 5 부 재창곡(再唱曲)

1. 자유시 111
   임께 한 말씀 112
   학 울음 114
   자화상(自畵像) 116
   비각송(飛閣頌) 118
   당신 120
   은행잎 122
   몸바꿈 123
   공즉시색(空卽是色) 124
   오경(五更)에 125
   두루미 127
   어항(魚缸) 128

참나무 129

2. 가새짬시조 131
   가새짬시조 풀이 132
   사계화(四季花) 135
   꽃 소리 136

제 6 부 평설

- 생존의 밀약, 그 범신론적 해득 • **이운룡** 139
- 시의 신전(神殿)을 찾는 나그네 • **채수영** 158
- 시조시(時調詩)의 형식미학(形式美學) • **최승범** 160
- 현대시에 나타난 동일성(同一性) 추구 • **박진환** 164
- 「은행잎」에의 투시력 • **박이도** 169

제 1 부
안 보이는 곳

여기는 어디
꽃을 보며
별유천지(別有天地)
영생(永生)의 방식
보이지 않는 끈
어련하시리이까
파상지(波狀陣)
엉뚱한 꿈
마른잎나비(枯葉蝶)
씨앗의 힘
검열관(檢閱官)
안 보이는 손
불가사의
안 풀려
쓰르라미 우는 소리
정의(正義)가 샌다
초목은 어찌하여
초목의 의식(意識)
공작새와 도마뱀
목구멍에 문제 있다
알아맞히기

여기는 어디

아스란* 하늘 아래
열린 바닷가
미세기* 오고가는
여기는 어디?

밀물을 굽어보면,
바다의 끝;
썰물을 바라보면,
바다의 처음.

(월간문학 400호, 2002년 6월)

붙임 │ 우주는 지금 팽창 중. 팽창의 끝은 수축의 시작. 팽창과 수축의 반복은 우주의 리듬. 그 리듬의 단위를 겁(劫)이란다면, 미세기 오고감은 한 겁의 상징. 밀물의 움직임을 근경, 썰물의 그것은 원경, 또는 미시의 세계와 원시의 세계의 암시. 양(陽)의 끝은 음(陰), 음의 끝은 양.

*아스란 : '아스라한'의 준말. 높고 먼. 기본형은 '아스랗다'. 아스랗+은→아스란 (ㅎ불규칙)
*미세기 : 밀물과 썰물.

꽃을 보며

지상에서 가장 찬란한 것은
천자만홍*의 꽃이어니와,
그것은 임께서 푸나무에다
보람*으로 나토*시는 당신의 얼굴.

꽃을 보면 누구나 웃음꽃 피우는데,
그 꽃 지으신 분 눈에는 어떠할꼬?
내가 꽃을 보며 기꺼워할 땐
내 눈이 임*의 눈 닮아 있을 때.

아니 아니, 내가 꽃을 보고 있음은
황홀한 임의 빛 쬐고 있음.
그 빛 흠뻑 쬘라치면,
사바가 온통 울긋불긋.

(월간문학 400호, 2002년 6월)

붙임 그것은 조화옹(造化翁)의 미적(美的) 자기 시현(示現). 옹의 모습을 상징적으로 받아비추는 거울 속 영상. 꽃만 아니라 우주 전체가 옹의 시현물.

*천자만홍(千紫萬紅) : 난만한 꽃의 울긋불긋한 빛깔.
*보람 : 조금 드러나(또는 드러내) 보이는 표적. 여기서는 '상징'의 뜻으로 쓰이었다.

*나토다 : '나타내다'의 옛말. 불교계에서 '나투다'라는 말을 '나타나다'의 뜻으로 쓰는데, 이것은 옛말 사전에도 없고 모음조화에도 맞지 않으니, '나토다'로 고쳐 써서 타동사로만 사용하는 것이 좋겠다.
*임 : 사모의 대상. 여기서는 조물주. 신(神). 이것을 사람들이 거의 다 '님'이라고 쓰고 그리 발음하는데 잘못이다. 그것은 '임'의 옛말이다. 현대어에서는,
  '니, 냐, 녀, 뇨, 뉴, 냬, 녜' 등이 말머리에 오지 않는다.
  보기 : 임도 보고 뽕도 따고 〔○〕   님도 보고 〔×〕
         이(齒)가 아프다〔○〕   니가 아프다 〔×〕
         그 여자〔○〕   그 녀자〔×〕
  한용운(韓龍雲)의 시집 『님의 침묵』은 표준말 사정(査定:1936) 이전에 나온 책이다.

별유천지(別有天地)

별유천지 비인간*이 어디 산속에 있다고?
여기는 잠수선(潛水船) 타고 보는 남태평양 바다 속.

심산유곡이며 연하 동천(煙霞洞天)*,
오색으로 영롱한 산호 꽃밭.

찬란한 어족들이 벌이는 군무(群舞),
미녀(美女)들의 퍼레이드도 어김없을 대열.

앞으로 뒤로 모로 숙련이나 한 듯
일제히 방향 틀 제 일사(一絲)도 불란.

가뭄도 물난리도 아예 없고
불 걱정을 모르니, 천하태평.

육지와는 숫제 내왕 없는 딴 고장
이렇게 짜릿하게 황홀할 수가?

—— 세계는 오직 사람을 위해서만 있지 않고,
딴 뜻이 또 있어 존재하는 듯.

[붙임] 萬物靜觀皆自得(程顥)이란 말이 있으나, 만물의 존재 이유는 불가사의.

*別有天地非人間 : 이백(李白)의 「산중문답(山中問答)」이라는 시에 나오는 선경
 (仙境).
　　왜 산골에 처박혀 사느냐고?
　　웃어 넘기니 마음이 느긋.
　　복사꽃 떠 가는 시냇물 저 쪽에
　　딴 세상이 있음을 그대가 알 줄 어찌?
　　　　問余何意栖碧山,　笑而不答心自閒.
　　　　桃花流水杳然去,　別有天地非人間.
*연하(煙霞) : ① 안개와 놀. ②고요한 산수의 경치.
*동천(洞天) : 산과 내에 둘린 경치 좋은 곳.

영생(永生)의 방식

어떤 물고기*는 바다로 가 살다가
여울을 거스르고 물언덕*을 뛰어넘어
천신만고 끝에 고향으로 돌아가서
알을 한 번 낳고는 기진맥진 스러지고*,

또, 어떤 물고기*는 알에서 깬 새끼들이
혼자 살게 될 때까지 눈코 뜰 겨를 없이
굶주리며 쉬지 않고 지키고 키우리라
피와 살이 다 빠져서 그예 숨을 거두지 않나?

목숨으로 낳고 희생으로 기르는
절대 불퇴전*(不退轉)의 무량한 내리사랑,
낡은 몸 벗고 새 몸으로 갈아입어
영생으로 이어 가는 불멸의 끈.

(2002. 2. 11.)

붙임 생식(生殖)과 종족 보존, 그것은 조화 신공(造化神功: 조물주가 우주 만물을 생성·변화시키는 신령스러운 일의 보람)에의 순응·협화(協和)요, 갸륵한 참여.

*어떤 물고기 : 이를테면 연어(鰱魚) 따위.
*물언덕 : 강물의 크게 턱진 곳. 수중보처럼 생긴 곳. 곧 작은 폭포. 지은이가 만든 말.
*싀여지다<싀여디다 : '죽다, 변하다'의 옛말.
*또, 어떤 물고기 : 가시고기.
*불퇴전 : 굳은 믿음에서 물러나지 아니하고 흔들리지 아니함.

보이지 않는 끈

바다가 무엇인지
어디 있는지도 모르면서
알에서 막 깬 거북이* 새끼들이
땅에서 솟아나자 뒤를 이어서
바다를 바다를 향해서 간다.

안 보이는 것은 다 없는 것이고,
보이는 것만이 있는 것이냐?
아니지 아니야, 아니고 말고.
거북이 새끼와 바다를 이은
보이지 않는 끈이 있어,
바다로 바다로 끌어당긴다.
누군가 누군가가 잡아당긴다.

지금 거북이 새끼들 바다로 가고 있고,
나 여기 사바의 해거름*에 와 있다.

(2003. 10. 4.)

붙임 모든 생명체는 다 어딘가로 끌려가고 있는 것이 아닐까? 사바를 졸업한 다음, 내가 끌려갈 곳은 어디일꼬?

*거북이=거북
*해거름 : 해질 무렵. 일모. 석양.

어련하시리이까

당신의 모습은 한낮의 태양과 같아서,
너무나 눈부시어 우러를 수가 없습니다.

겨울엔 비껴서고 여름엔 맞바라져
춥고 뜨거운 어려움은 있어도,
봄철의 꽃과 가을철의 열매로
해님의 공덕을 새길 수가 있듯이,

최악의 구석과 질병의 그늘에서도
불안과 괴로움을 견딜 수 있음은
사람이나 짐승이나 날새나 미물이나
물고기나 바다풀이나 나무나 이끼까지도
당신의 영검한 다스림 안에서만
삶의 보람을 누리기 때문입니다.

만물을 비로 적시시고 빛으로 품으시며
콩에서 콩 나게 하시고 팥에서 팥 나게 하시는
사랑과 미쁨 그지없으시니,
얻다가 투정을 하오리이까마는,

혹야, 길 잃은* 살별이 지륜*(地輪)을 침노할까 두렵사옵고,
모진 자는 강하고 착한 자는 약하여
불의가 정의를 덮칠까 염려이오나,

잡도리*하심 어련하시리이까,
누구시관대요 누구시관대*.

붙임 인생과 우주를 정관(靜觀)할 때 찬탄과 회의가 교차하지만, 안심입명(安心立命)이 지상 과제일진대, 조물주의 공덕을 기리며 순명(順命)하는 수밖에.

*길 잃은 : 이것을 〔기리른〕으로 발음하지 말고 〔길리른〕으로 발음해야 한다. 받침과 실사(實辭)인 '이' 사이에서는 'ㄴ'이 첨가되어 발음되고('있다' 앞은 예외.) 'ㄹ' 아래서는 'ㄴ'이 'ㄹ'로 접변한다. '은' 앞의 'ㅎ'은 묵음(默音)된다.
    보기 : 꽃잎→꽃닢→꼰닢→〔꼰닙〕. 낮일→낮닐→〔난닐〕.
            밤일→〔밤닐〕. 못 잊어→못 니저→〔모니저〕. 옷 입어라→옷 니버라→〔온니버라〕.
*지륜(地輪) : 지구(地球).
*잡도리 : 잘못 되는 일이 없도록 단단히 대책을 세우는 일. 단속.
*누구시관대 : 전라도 말 '누구시간디'에 해당하는 옛말. 누구신데.

파상진(波狀陣)

커다란 독수리가 수천·수만 마리의 작은 새 떼를 덮치러 달려드니까 높은 파도 모양을 지어 달아난다.
　독수리는 풍랑에 놀란 일이 있었는지 파상(波狀)이 지겨워서 물러나고 만다.

파상이 되어도 파상인 줄을
작은 새 눈으론 알아보지 못할 텐데,
무슨 수로 그 같은 형상을 지어 보이며,

　　학익진*(鶴翼陣)
　　어린진*(魚鱗陣)
　　팔진도*(八陣圖)

의 진법을 사람도 잘은 알지 못하는데,
그것들이 어떻게 살기 위한 진법을 터득했을까?

아니지 아니야, 아닐진대,
일심정념(一心正念)으로 들을지니라.
쫓기는 목숨을 구하기 위해
멀리서 조종하는 리모컨* 소리.

(2000. 8. 29.)

*학익진 : 적을 포위할 때 치는 진.
*어린진 : 물러날 때 치는 진.
*팔진도 : 제갈공명(諸葛孔明)이 창안했다는 진.
*리모컨 : 무선 조종기.

엉뚱한 꿈

지난밤 꿈에 노란 토끼 한 마리
용궁에서 보랏빛 알을 품고 있었고,
산속에서 파란 자라 한 마리
새끼들에게 젖을 먹이고 있는 것을
뿔 돋친 검은 개구리가
옆에서 보고 있었습니다.

나중엔
토끼가 자라가 되고,
자라가 토끼가 되고,

낮일이 꿈이 된다고 말들 하지만,
이런 일은 결코 생시에
듣도 보도 생각도 아니 한 것입니다.
이승에선 말입니다.

그러면 어느 때의 무슨 영상(映像)이
어떤 암실*(暗室)을 거쳐 오면서
그렇게 엉뚱한 모습으로 현상(現像)되어 있었는지요.

(2000. 8.26.)

[붙임] 전생 기억이라는 것과 중생(衆生)의 돌고돎(輪廻)이라는 것이 정말로 있는 것인지?

*어떤 암실 : 전생과 현생 사이에 있다고 가상해 보는 사진관의 현상실.

마른잎나비(枯葉蝶)

아열대 지방 어느 섬* 숲에는 마른 나뭇잎과 똑같이 생긴 나비가 있어 진짜 마른 나뭇잎 서리*에 끼여 붙어, 없는 듯이 살아가고 있다.

빛깔도 형체도 영낙없는* 나뭇잎이요, 그 날개[翅]의 줄기도 나무의 잎맥(葉脈)을 닮아 있다. 누가 보아도 마른 나뭇잎이요, 나비가 아니어서, 새도 짐승도 범하지 않는다. 마른 나뭇잎은 먹이가 되지 않기 때문이다. 실로 현묘한 은신이어서 안전보장이 만점인 셈이다. 이 가짜 마른 잎과 진짜 마른 잎의 다른 점은, 숨쉬는 것임과 숨죽은 것임이라는 점뿐이다.

어쩐 일로 숨죽은 것이 숨쉬는 것으로 바뀌었는가? 바뀐 것이 아니라 바꾼 것이다. 흙으로 빚은 것에다 하느님께서 숨을 불어넣은 것이 사람이라고들 하지 않는가?

(2002. 4. 20.)

붙임 나비를 가지고 나뭇잎을 만들 필요는 전혀 없다.

*어느 섬 : 오키나와 섬(沖繩島).
*서리 : '여럿의 속'의 옛말.
*영낙없다 : 이것을 '영락(零落)없다'로 씀은 잘못이다.

씨앗의 힘

따스한 봄날 아침
양지밭 씨앗 구덩이에서
만유(萬有)의 인력(引力)을 뛰어넘어
버거운 지표(地表)의 저항을 뚫고
앳되고 고운 떡잎*의 무리가
당차게 불끈 솟아올랐다*.

어디서 났을까, 그 당돌한 힘?
하늘에서 났을까, 땅에서 났을까?
차라리 그런 데서 났다 싶으면,
내 가슴 이토록 뛰지 않으리.

씨앗 속에 갈무리된* 놀라운 힘,
그것은 정녕 빌어* 얻은 힘,
차력*(借力)의 힘이다, 신차(神借)의 힘*.

(월간문학 412호 2003. 6.)

> [붙임] 놀라운 일은 우리의 눈에서 먼 곳에 있지 않고 가까운 곳에 있다. 풀 한 포기에 깃들인 신비 이상의 신비가 따로 있지 않다.

*떡잎 : 'ㄴ' 첨가와 자음접변으로 [떵닢]으로 발음된다.
*솟아올랐다 : 시제(時制)는 현재완료.

*갈무리된 : 저장된.
*빌어 : 문교부가 정한 말로 하면 '빌려.'
*차력 : 이에는 약차(藥借)와 신차(神借)가 있다.
*신차의 힘 : 신(神)에게서 빌어 온 힘. 곧 신께서 점지하신 힘. 씨앗 하나하나에 신의 힘이 갈무리되어 있다고 보고 한 말.

검열관(檢閱官)

 푸나무는 대개 가루받이*를 할 때 제 그루 제 포기의 꽃가루는 받지 않고, 딴 그루 딴 포기의 꽃가루만을 받아들인단다. 근친수분(近親受粉)을 배제하는 일이다.
 눈도 코도 입도 귀도 머릿골도 없는 무정물(無情物)인 푸나무가 제 그루 남의 포기의 꽃가루를 어떻게 구별하며, 근친수분이 해로운지 이로운지 어떻게 안단 말인고?

 푸나무의 꽃송이마다에는 검열관*이라는 어른께서 지키고 계시어, 딴 그루·포기의 꽃가루만을 접수하게 하시는 것이다. 참으로 믿기 어려운 영묘한 작업인 것이다.

 그러므로 푸나무의 가루가림(選粉)은 그 푸나무의 뜻도 능력도 아니다. 검열관님의 권능 행사에 달려 있는 것이다.

 또 놀라운 일이 있다. 어떤 큰 짐승*은 8촌 이내와의 교미(交尾)를 아니 한다지 않나? 참으로 믿거나 말거나 하라 할 일이다. 검열관님께서 그 짐승의 암수 사이에 상주(常駐)하여 계시기 때문인 모양이다.

 여기서 이르는 바 검열관님이란 기실(其實) 검열관이 아니다. 다만 그 이름을 검열관이라 하여 둠일 뿐이다.

(2002. 3. 18.)

|붙임| 검열관 : 프로이트의 학설에 나오는 말을 원용한 것이다. 프로이트는 이 말을 우리의 제멋대로 날뛰려는 방자성(放恣性)의 발동을 억제하여 감금하는 의식이라 규정하고, 우리가 잠잘 때에는 이 검열관도 피곤하여 잠을 자므로, 그 틈을 타 방자성이 발동하여 엉뚱한 짓을 하는 꿈을 꾸게 된다는 것이다. 하지만 여기서의 이 말은 프로이트의 그 말과 일치하지는 아니한다.

*가루받이(受粉) : 이에는 딴꽃가루받이와 제꽃가루받이가 있다.
*검열관 : 우리말 큰사전(한글학회)에 〔검녈관〕이라 발음하도록 지시되어 있다.
*어떤 큰 짐승 : 말〔馬〕.

안 보이는 손

저 건너 복숭아 밭 나무들을 보아라,
사방줄모〔四方條秧〕처럼 나란하지 않은가?
나무들이 그 자리에 절로절로 났을까?
아니지 아니야, 아니고 말고.
사람이 손수 거기 심어 키운 것이다.

활짝 편, 공작새의 꼬리깃을 보아라,
꽃 같은 보석 무늬 이리저리 나란쿠나.
황홀한 그 꽃무늬 절로절로 났을까?
아니지 아니야, 우리들의 눈에는
안 보이는 손이 있지, 있고말고.

(2003. 8. 26.)

|붙임| 겉으로 보아 나란한 것만이 손으로 지은 것이랴? 안 보이는 손이 지은 것 속에는 안 보이는 나란함이 있지 않은가?

불가사의

희소식이 있다.

요즘 아프리카 코끼리 중 어금니가 볼 밖으로 뻗어나지 않는 놈이 나타난다고 한다.

코끼리가 보배로운 어금니 때문에 사람에게 무참히 살해되어서 멸종의 위기에 처해 있으므로 재난의 근원을 제거해 버리는 실로 까무러치게 놀랄 만한, 개벽 이래 미증유의 일대 혁명적 변이 현상이다.

개체와 종족의 보위를 위하여 어금니의 돌출을 막는, 곧 자연의 수레바퀴를 멈추게 하는 일, 이것이 한낱 짐승의 뜻으로 이루어질 수 있는 것일까?

아닐진대, 하늘은 무너지지 않고 땅은 꺼지지 않는다 믿어도 좋을 듯하다.

(2002. 11. 28.)

[붙임] 위와 같은 코끼리 정보를 텔레비전에서 들은 걸로 기억하는데, 혹 꿈 속에서 들은 걸 생시의 일이었다고 착각하고 있는지도 모른다.
사람에게서 꼬리가 없어진 것은 사실이나, 그것은 코끼리 어금니처럼 갑작스런 일은 아니었으리라.

안 풀려

꿩과 다람쥐는 독수리가 채 가고,
토끼와 너구리는 늑대가 물어 가고,
사슴과 고라니는 호랑이가 덮치고,
기린과 코끼리는 몸이 커서 어렵지만
그 새끼를 사자가 솎아 내고,
사자, 호랑이는 사람에게 잡히고,
사람은 보이지 않는 미생물에게 갉아먹힌다.

길짐승, 날짐승, 뜀짐승, 물고기, 조개와 게,
심지어 풀벌레, 말미잘까지도
속고 속이는 야바위 난장판,
먹고 먹히는 아수라 현장.

먹이사슬은 자연의 순리라지만,
잔인한 살육, 처절한 희생이 왜 순리가 되는가?
사람은 이브의 죄를 상속받아 그런다지만,
그런 죄 상속받을 의무는 어디 있으며,
사람 아닌 목숨들은 이브의 자손도 아니건만
왜 그렇게 되나, 왜?
모를 일도 병이 되어, 불치의 아픔.

(2002. 9. 13.)

쓰르라미 우는 소리

땅속에서 열다섯 해 품은 꿈이 이루어져
네 날개 여섯 발로 날고 걷게 되었으나,
이레만 살다 가라니, 쓰리다고 "쓰르람!"

(2003. 9. 13.)

정의(正義)가 샌다

뻐꾹새 저 몹쓸 것, 도둑은 약과, 살육 강도.
남의 알에 제 알을 섞어 넣어 남에게 품게 하면,
깬 새끼 또한 모질어 임자 새끼를 내쳐 죽이고,
아주야 진짜 새낀 양 밥 받아 먹고 큰다지.

당하는 쪽에서 보면 더 없이 억울·원통한 일이요,
가해하는 쪽에서는 권리 행사라 우길 텐데,
만물을 지으신 분은 선악을 끊지* 않고,
내버려 두시듯 하니 정의가 밖으로 새는 건가.

(2003. 8. 10)

*끊다 : 잘 되고 못 됨을 살피어 점수를 매기다.

초목은 어찌하여

꽃 피고 열음* 열어* 씨앗이 퍼지면은,
새로운 싹이 돋아 종족이 는다지만,
그 종족 널리 퍼짐을 누가 알아 기뻐할꼬?

눈부신 꽃을 피움은 벌나비를 유치*하여
꿀 주고 가루 받아 열음 맺자 함이라지만,
무심한* 초목이 어찌 그런 꾀를 부릴꼬?

열음이 익을라치면 식객*(食客)을 초대하여
맛 좋은 살 먹이고 씨앗을 옮기게 하여
종족을 늘린다지만 그게 어찌 제 뜻일꼬?

눈도 코도 없고 보면, 꽃 피고 열음 열고
씨앗이 옮겨짐을 오로* 다 모르라니,
종족이 퍼진다 해도 알기나 어찌 할런고?

(2003. 5. 21.)

붙임 | 의식이 없는 초목이 누구를 위하여 꽃 피우고 열매 맺고 씨 퍼뜨려 종족을 늘리는가? 뉘라서 만물의 생성·변화가 우연적 현상이라고 우길 수 있는가?

*열음 : '열매'의 옛말 '여름'을 분철(分綴)한 것.
*열다=열리다.
*유치(誘致) : 꾀어 들임.
*무심한 : 무정물(無情物)인.
*식객(食客) : 열매를 따먹는 동물.
*오로<오으로 : '온통, 온전히, 전적으로'의 뜻의 옛말.

초목의 의식(意識)

어떤 식육초*(食肉草)는 잎사귀에 벌레가 앉으면,
도르르 멍석 말듯이 말아서 녹여 먹고;

또, 어떤 식충(食蟲)풀*은 나팔통 같은 잎사귀 속에
벌레가 들어 앉으면, 잎을 오므려 가두어 잡아먹는다.

푸새도 사냥꾼이고 보면 의식이 있는 것가?
있기는 있다손 쳐도 제 의식은 아닐레.

(2001. 11. 11.)

붙임 초목의 의식이 제 의식이 아니면 누구의 의식일까?

*식육초 : 벌레잡이풀, 끈끈이귀이개(포드라기풀), 통발, 파리지옥풀 따위.
*식충풀 : 식육초. 사전에는 '식충식물'로 나와 있다.

공작새와 도마뱀

공작새 수놈 꼬리가 기다랗고 화사한 것은
보석 무늬 꼬리깃을 동그랗게 펴 보이며
암컷을 끌어당기어 차지하기 위함이라.

그런데 그 꼬리는 복도 되고 화도 된다.
사나운 포식동물이 꼬리를 물어 채면,
용써도 동강나지 않아 꼼짝없이 잡힌다.

힌편 도마뱀은 짐승에게 몰리어도,
꼬리만 떼어 주고 달아나면 그만인데,
어찌타 공작새 너는 그리하지 못하는고?

만물을 지어내신 조물님께 알아보자.
무삼 일 꼬리 때문에 혹은 살고 혹은 죽게 하셨나이까?

사람의 말이란 것은 얼추 사람의 일만 나타내지, 내 뜻과
내 경륜(經綸)은 담을 그릇이 되지 못해 이를 길 바이없으니,
상관치 말지어다.

(2001. 11. 1.)

목구멍에 문제 있다

사자와 호랑이 들, 너희는 어찌하여
무고한 짐승들을 무참히 잡아먹노?
백수(百獸)의 왕이고 보면, 몸보신이 먼저죠.

닥쳐라, 코끼리와 마소 들은 어찌하여
살생을 아니 하고 초식만 한다더냐?
그거야 먹이를 정하신 분께 여쭈어나 보시오.

(2003. 4. 23.)

알아맞히기*

우리의 콧구멍이 둘인 까닭은?
"기가 막힐 때 잘 견디기 위해서."
아니지.
'견디기 위해서'를 '견디라고'로 고쳐야지.
알았거든, 다음을 읽고 물음에 답하도록.
'하얀 눈이 쌓이는 겨울에는 산토끼가
옷을 하얀 옷으로 갈아입는다.'

밑줄 쳐진 부분을 옳게 쓴 것은?
㉮ 산토끼가 하얀 옷을 잿빛 옷으로 갈아입는다.
㉯ 산토끼가 잿빛 옷을 하얀 옷으로 갈아입는다.
㉰ 임께서 산토끼의 옷을 하얀 옷으로 갈아입힌다.
㉱ 조물주께서 산토끼 옷을 하얀 옷으로 갈아입히신다.

붙임 토끼가 무슨 재주와 돈으로 여름 옷, 겨울 옷을 장만하며, 손이 없는데 어떻게 갈아입겠는가?

*정답 : ㉱. ㉰의 '임께서'와 '입힌다'는 존경사의 통일에 맞지 않는다.
*알아맞히기 : 이를 '알아맞추기'라 씀은 잘못. 야구 해설에서 '맞추어 잡다'라는 말들 하는데, 있을 수 없는 말. 주문하여 잡는 수도, 방망이에 조립하여 잡는 수도 있을 수 없으니까. '치게 하여 잡다'라 해야 한다.

제 2 부
속풀이 노래

압구사(狎鷗詞)
도화원(桃花源) 옹달샘
광한전(廣寒殿)의 밤
옥수담(玉水潭) 야화(夜話)
법고(法鼓)
팔맷돌
태고(太古)의 새
요즈음 오는 전화
이순(耳順) 풀이
꿈의 개발
호접몽(胡蝶夢)
나를 건지는 나
수심결(修心訣) 1
수심결 2
수심결 3
수심결 4
수심결 5
전북찬가(全北讚歌)
전북송가(全北頌歌)

압구*사(狎鷗詞)
—— 갈매기 사랑

산림에 거(居)하신 지 몇 해입니까?
• 책력도 안 가지고 왔으니깐요.

부귀를 어떻다 여기시나요?
• 풀잎의 이슬, 해거름의 하늘 끝 노을이지요.

어찌타 공명(功名)을 마다시고 오시었지요?
• 갈매기 날갯짓이 손짓만 같아서요.

심심소일(消日)은 무얼로 하십니까?
• 저 물새들 벗이 되어 날마다 놀다 가네요.

누가 이 강산 풍경의 주인입니까?
• 우리는 서로 주객을 따지지 않습너이다.

(월간문학 412호. 2003. 6.)

*압구 : 갈매기를 친근히 함.

도화원(桃花源) 옹달샘

난초, 지초, 불로초의 뿌리를 거쳐,
땅속 깊이깊이 묻힌 바위층

그 속의 결을 타고 스미었다가
씻기고 걸러져 솟아난 물을

내 마음 도화원
옹달샘에다 받아 놓고,

해와 달의 빛과 기운
그 속에다 담아 놓고,

하늘 끝 그 너머의
별자리도 들여 놓고,

무지개 쌍무지개
그 속을 뚫고 넘어

너울너울 날아가는
백두루미 쌍쌍

날갯짓과 숨소리도
그 속에다 풀어 넣고,

안개구름 실구름도
가뭇없이 사라지고,

바람 자고 먼지 없어
더디 가는 맑은 나날

감로수로 삭은 물을
동치미 국물 삼아
후루룩 마시면서 늘푸르게* 살고지고.

해와 달과 별과 함께
분별* 없이.

(2001. 9. 10.)

붙임 영원과 무한과 광명과 생명력을 담아 익힌 감로수, 그걸 마시는 삶. 사람은 현실만으로 살아가지 않는다. 꿈과 이상은 현실을 정화하고 이끌어 간다. 그래서 '낭만'이라는 말이 있게 되지 않았는가?

*늘푸르게 : 만고상청(萬古常靑)으로.
*분별 : 근심. 걱정.

광한전*(廣寒殿)의 밤

어디 갔다 오시는데
온몸에서
희한한 향내 이리
물씬 나나요?

거문고 가져오오,
노래로 답하지요.

자하동(紫霞洞) 골짜기
옥녀담(玉女潭)에 갔더니,

하늘엔 둥근 달
땅엔 맑은 못.

물에다 달빛 풀어
미역감고 나와서

임자를 생각하며
달을 띠고 돌아오니,

사창(紗窓) 밖에서

기다리던 내 사랑

내 몸에서 희한한
향내 난다 하는구료.

옳소 옳아, 임자는
달나라에서

나를 보러 내려온
상아*(嫦娥) 아가씨,

달빛에 흠뻑 젖은
이 내 몸에서

임자의 고향 냄새
아니 나겠소?

여기는 오늘 밤
월궁 속의 광한전.

(2003. 12. 1.)

---

*광한전 : 달 속의 선녀가 산다는 궁전.
*상아 : 달 속의 선녀. 항아(姮娥).

옥수담(玉水潭) 야화(夜話)

문수봉(文殊峯) 반야암(般若庵)에 피서하러 갔다가
밤에 하산(下山)하던 사람의 겪은 이야기

산기슭 후미진 골짜기에는
새들의 노래도 끊인 지 오랜지라,
휘파람 소리 같은 산의 숨소리와
거문고 가락 같은 벽계수 울림.

딸그락거리는 지팡이 소리가
옥수담 근처에 이르렀을 때
지나가는 그를 알아차리고
"야호!" 하고 부르는 소프라노 목청!
그 소리 알 만하여 가까이 가 보니까,
못 속에서 황급히 뛰어나온 인어(人魚)가
물 뚝뚝 떨어지는 몸을 닦고 있던 중.
벗어 놓은 옷 하나 후림 직도 하였으나
구름 사이 달님이 굽어보고 있었기에,
차마 손이 부끄러워 떨어져 돌아앉아
그 밤이 깊도록 주고 받은 이야기는
흐르는 물에 던져 띄워 보내고,

다시 만날 기약 없이 떨쳐 일어나
마음 비우고 돌아섰더란다.

그때 야릇한 마음을 채웠더라면
전설 속의 나무꾼 아니면 저
장돌뱅이 허 생원*쯤 되었을 텐데,
좀처럼 아무도 넘을 수 없는
아슬아슬한 고비를 넘어선 그는
제가 저와 싸워서 이겨낸 보람으로
진흙 뚫고 솟아나 더욱 빛나는
연꽃 같은 시인이 되었다더군.

(2003. 7. 29.)

*허 생원 : 이효석(李孝石)의 『메밀꽃 필 무렵』에 나오는 주인공.

법고*(法鼓)

북을 친다, 저 스님을 보라,
혼신(渾身)의 힘으로 북을 친다.
여남은 스무남은 서른 번만 아니라
백 번 나마 여덟 번의 몇 곱절이나 두들긴다.
겉으로 북을 치지만 속으로도 북을 칠까?

동에서 오는, 서에서 오는 남에서 북에서 오는 도적*,
8방, 16방, 108*방, 아니 8만4천* 밖에서 오는 도적을
사정없이 두들겨 팬다, 자기뿐 아녀* 모든 중생 괴롭히는
도적을 다 없애 주려고 몸을 뒤집어서까지 치고 또 친다.

(2000. 9. 16.)

*법고 : 절에서 예불 때나 법식 때 치는 큰 북.
*도적 : 욕심과 번뇌.
*108, 8만4천 : 번뇌의 수(數). 사람의 번뇌가 이렇게 많다고 한다.
*아녀 : '아니라'의 옛말.

팔맷돌

 납죽한 작은 돌을 물 위를 스쳐 가게 팔매질로 던지면은 제비같이 물을 차며, 처음에는 띄이이엄 띄이엄 튀며 가다가 튀었다 수면에 닿는 사이와 그 동안이 차차로 짧아지고 빨라져 마침내는 잰걸음치다가 가뭇없이 쏘옥 빠지고 만다. 한 번 갈앉은 돌은 다시 물 위로 나오지 못한다.
 내 젊어서 던지던 돌은 길고 높게 튀며 가더니, 바싹 늙어서 던지는 돌은 짧고 가쁘게 기듯이 낮게 간다.
 젊어서는 일요일이 이레 만에 오더니, 요즈음은 반갑잖게 2·3일에도 온다.

 물노니 그대 나의 친구여, 강물이 영원한 세월이라면, 그 위에 던져진 순간자인 돌은?

(2001. 11. 10.)

태고(太古)의 새

　내가 스위스 여행에서 얻어온 것은 알프스 산의 산새 한 마리.
　인터라켄*의 아침 나절은 맑고 밝게 튀어 빛나 있었다.

　호텔 앞 정원의 의자에 앉아 태고의 눈[雪]이 번쩍거리는 산이마를 바라보고 있노라니까, 느닷없이 날아 온 산새 한 마리 내 탁자 위에 살포시 내려앉는다.*
　산새가 아무 스스럼없이* 사람과 의젓이 동석(同席)을 하다니, 내게는 미증유의 기적 같고 꿈만 같아서, 허벅지를 꼬옥 꼬집어 봐도 분명 꿈이 아닌 생시였다.
　높고 깊은 산 속에서만 살고 있다가 처음으로 세상 구경 나온 듯한 숫새*였다. 처음 사람들 대하는 그에게 나쁜 인상을 주지 아니하려고, 나는 마음 비우고 경건히 앉아 있었다. 내가 새를 보는 마음도 글자 그대로의 사무사*(思無邪)요, 새가 나를 보는 마음도 그것인 듯싶었다. 서로가 서로를 의심하지 않고 꺼리지 않아, 새와 나와는 하나의 '우리'가 되어 있었다. 조용히 눈을 감으니, 일체의 생명들이 상극(相剋)하지 않고 상생(相生)으로 살아 가는 낙토가 떠올랐다. 눈을 뜨면 그 새 내 곁을 떠나 있을 환멸을 볼까봐, 나는 살금히 자리에서 물러났다. 새도 환멸을 느끼기 전에 제 고장으로 돌아가길 바라며.

지금도 고요히 눈을 감으면 내 마음속 탁자 위에 그때의 그 새가 머물러 앉아 있음을 본다. 그때 그 새는 내게서 떠나지 않았기 때문이다. 새가 사람을 경계하기 이전의 먼 과거를 거슬러 더듬으면, 주객미분(主客未分)의 시원의 시간, 억만 년 전 자리에 내가 처하여 있게 된다.

(2001. 11. 6.)

*인터라켄 : 알프스 산 동북(?) 스위스 땅에 있는 산악 도시.
*스스럽다 : 정분이 두텁지 못하여 조심스럽다.
*숫새 : 때묻지 않은 순수한 새.
*사무사 : 생각에 비뚤어짐이 없음.

요즈음 오는 전화

수십 년 만에 친구 하나가 집에 전화를 걸었다.
그 사람 참으로 반갑고 고마웠다.
용건이 무언지 알고팠는데,
살아 있으니 고맙다고만 하고 끊는다.

이튿날 외국서 온 친지 한 사람,
역시나 오랜만에 전화를 걸었다.
병들어 못 나가니 찾아오라 했더니,
날새 꼭 찾아가서 만나겠다 하였다.

그랬는데 아니 오고 왜 갔을까?
알았다, 그도 또한 바쁜 몸이니,
살아 있는 것만 확인하고 만 것이다.

(2000. 8. 30.)

이순(耳順) 풀이

사슴을 말이라 해도 화내지 않고
콩으로 팥죽을 쑨대도 역겨워 말지어다.

거짓이 오히려 정상(正常)인 세상
탓한들 부질없고 탄한들* 속절없다.

공자는 인자하여 충서*(忠恕)로 일관하였으므로
귀가 아닌말*도 용납했거니와,
나는 체념 끝에 귀가 저항을 포기해 버렸다.

그나마
공자는 60에, 나는 근 80에.

(2002. 11. 7.)

*탄하다 : 남의 말을 탓하고 나무라다.
*충서 : 남에게 정성을 다 바치고 남을 용서함.
*아닌말 : 옳지 못한 말.

꿈의 개발

지난밤 꿈에 칠보로 장엄*된 으리으리한 봉우리들이 끝없이 늘어서 있는 것을 보았습니다.
거기에 가지가지의 찬란한 꽃들이 피어 있었는데, 그 중에는 봉우리 하나를 다 덮을 만큼 큰 것도 있었습니다.
그런데 느닷없이 그 꽃송이는 천사가 되고 나는 나무꾼이 되어, 우리는 손길 마주잡고 만단정화를 다 나누었습니다. 실로 꿈이 아니었으면 상상이나 할 수 있는 일이었습니까? 나는 꿈속에서도 날아갈 듯 황홀하였고, 깨어서도 말할 수 없이 기분이 좋았습니다.
우리가 꿈도 즐기고 생시도 즐긴다면, 이는 양수겹장*의 곱배기 인생이겠지요.
이처럼 꿈도 삶의 일부가 되면, 좋은 꿈을 꾸는 것이 얼마나 중요한 일이 되겠습니까?
아름다운 꿈을 창출할 뿐만 아니라 밤마다 꾸는 꿈이 연속극처럼 이어지는 것이 되도록 수련을 쌓는 일이 가능하다면, 이것이 우리가 앞으로 시도해 볼 만한 우리들의 꿈이 되지 않겠습니까?

(2002. 11. 19.)

*장엄하다 : 꾸미다.
*양수겹장 : 사전에는 '양수겸장(兩手兼將)'으로 나와 있으나, '겹'이 '이중(二重)'의 뜻을 나타내므로 양수겹장이란 말도 많이 쓰인다.

호접몽*(胡蝶夢)

옛날 어느 철인(哲人)이 꿈에 나비가 되어 놀다가 깨어나서 이르되,
"내가 나비가 되어 있었던가, 나비가 나 되어 있는가?" 하였더란다.
그의 의식 속에는 꿈과 생시가 섞바뀌어 있던 탓에 꿈을 꿈인 줄 모르고 생시를 생시인 줄 몰랐던 것이다.
만일 그가 꿈을 꾸면서도 자기가 꿈을 꾸고 있음을 자각하였더라면, 그는 꿈속에서라도 외쳤을 것이다.
"나는 나비가 아니라, 취생몽사에서 탈출한 각성인이다."
그리고 깨고 나서 자신에게 다짐하였을 것이다.
"나는 항시 실존적으로 존재한다."

아쉽다, 고왕금래(古往今來)에* 이런 사람 없으리니.

(2002. 11. 21.)

*호접 : 나비.
*호접몽 : 춘추시대의 철학가 장주(莊周)의 저서 『장자(莊子)』의 제물편(齊物篇)에 나오는 꿈 이야기.
*고왕금래에 : 예부터 지금까지.

나를 건지는 나

내 마음 슬픔으로 의지가지없을 때
그 누가 나를 어루만져 줄까,
배가 아파 보채는 어린 손주를
할머니가 약손으로 쓰다듬듯이?
　나무관세음, 관세음보살.

알 속의 새끼가 제 부리로
껍질을 쫄 때 그 소리를
어미가 알아듣고 마주 쪼듯이,
내가 나를 스스로 보듬을 때에
관음님의 가호는 더 크옵시리니,

내 마음의 안쪽 깊숙한 곳에
아픈 나를 일으켜 줄 또 하나의 나를,
금강역사(金剛力士)처럼 모셔야 하리,
천하대장군*처럼 세워야 하리.
　나무관세음, 관세음보살.

(2000. 9. 1.)

*천하대장군 : 동네를 지켜 주는 장승.

수심결(修心訣) 1

남의 불운(不運) 모르쇠 말고
　내 일같이 슬퍼하며

남의 행운 시새워 말고
　더불어 기뻐하여

남과 나 하나로 여기면,
　여기가 곧 저건너*.

(2002. 5. 18.)

*여기가 곧 저건너: 차안즉피안(此岸卽彼岸).

수심결 2

속이고 속는 세상
　　비탄한들 무엇하리?

제가 저도 속이는데
　　남이 어찌 못 속일까?

속고도 허허 웃으면,
　　그게 바로 큰사람.

　　　　　　　　　　(2002. 10. 26.)

수심결 3

내 위에 사람 없고
    내 밑에 사람 없으니,

잘난 사람 두려워 말고
    모자란 사람 얕보지 말라.

이렇게 사는 자만이
    하늘을 섬기는 사람.

(2002. 10. 29.)

수심결 4

뉴스를 보도하는 텔레비전 여자 직원
꼿꼿이 앞을 보고 딱딱한 말 할 때보다
살짝 고개 숙여 인사를 하는 모습
훨씬 더 예뻐 보이는 까닭은 무엇?

산기슭의 고개 숙인 할미꽃을 보려무나,
뻣뻣한 튤립*보다 아리땁지 아니한가?
들판의 황금빛 벼이삭을 보려무나,
어째야 아름다운지 일러주지 않는가?

(2001. 10. 31.)

|붙임| 꽃 중에 거만해 보이는 꽃은 없으나, 할미꽃이 제일 겸손해 보인다.
남을 높이는 일이 자기를 높이는 일이다. 고로 자기를 낮춤이 곧 자기를 높임이 된다.

*튤립(tulip): 모양새가 할미꽃 같으나 겸양지덕이 없어 보이어 할미꽃보다 덜 예쁘다.

수심결 5

너는 누구이며, 남은 또 누구인가?
너와 남이 다름 아닌 하늘의 자식 아니겠나?
하늘을 생각한다면 그 누구가 미울꼬?

하지만 그 중에는 불구대천(不俱戴天) 원수 있다.
미워도 그마저를 불쌍히 여긴다면,
하늘의 만다라(曼茶羅)꽃*이 땅에 가득 피련만.

(2003. 6. 22.)

*만다라꽃 : ①성화(聖花)로서의 흰 연꽃. ②연꽃.

전북찬가(全北讚歌)

　　덕유산(德裕山) 높은 봉에 치솟는 아침해가
　　눈부신 한밝빛*을 담아다 붓듯 쏟뜨리면,
　　마이산(馬耳山), 모악산(母岳山)과 내장산(內藏山) 대둔산(大芚山)이
　　그 빛을 받아 이〔戴〕어 일제히 합창하고,
　　섬진강, 동나룻강, 만경·금강 물줄기가
　　찬란한 그 빛으로 금비늘 번뜩이는,
　　삼남(三南)의 정기 어린, 호남 북도 복 받은 땅
　　중앙의 옛 도읍*(都邑)을 빛벌〔比斯伐〕이라 하더니라.

　　달아 달아, 높이 돋아 멀리멀리 비추라던
　　정읍(井邑) 여인 망부가(望夫歌)는 시조(時調)의 원형(原型) 되고,
　　청풍명월 주인 되어 지락(至樂)을 노래하던
　　태인(泰仁)의 불우헌(不憂軒)은 가사(歌辭) 원조(元祖) 되었느니라.

　　대추 볼 붉은 골에 밤은 뚝뚝 떨어지고,
　　벼 벤 그루턱에 게가 살살 내리는 곳은
　　그릇 큰 황 정승(黃政丞)이 술 거르던 장숫(長水ㅅ)고을,

왜장(倭將) 안고 물에 빠진 호국 여신(護國女神) 고향이라.

이화우(梨花雨) 흩날릴 제 임을 잡고 아니 놓던
이매창(李梅窓) 상사몽이 서린 곳은 부안(扶安)이요,
만고 열녀 춘향(春香) 아씨 설화 얽힌 남원(南原) 땅은
임진란(壬辰亂) 만인의총(萬人義塚) 모셔진 성역(聖域)이라.

완주(完州)의 명문 집안 권삼득(權三得) 판소리는
목숨과도 아니 바꾼 국악의 사자후(獅子吼)요,
고창(高敞)의 신 오위장(申五衛將) 여섯 마당 노래 사설(辭說)
이 나라 서사시(敍事詩)의 금자탑 아닐런가?

곡차(穀茶)로도 이름나신 김제(金堤)의 진묵(震默) 스님
신통력이 자재(自在)하신 동국의 생불이요,
보국안민(輔國安民) 정신으로 농민 전쟁 이끌었던
고부(古阜)의 녹두장군 자주·민주 꽃넋이라.

어화 어화, 우리 도민(道民) 삼한갑족* 형제님네,
을해(乙亥)년 첫새벽에 불끈 솟는 아침해로

흙바람 안개구름 말끔히 씻어내어,
해진 옷 내던지고 비단옷 갈아입어,
즈믄 해 피운 꽃을 가슴에 꽂아 달고,
해동의 등불이던 그 불 다시 밝혀 들어,
이웃 사랑, 고장 사랑, 나라 사랑 깃발 아래
백두에서 한라까지 두루두루 비추려무나.

|붙임| 전북 애향 본부 청탁으로 지어 애향전북지(愛鄕全北誌) 100호 1면 연두시(年頭詩)로 실린 시(1995년 1월 17일 발행)

*한밝빛 : 대광명(大光明). 지은이가 만든 말.
*옛 도읍 : 후백제의 수도(首都).
*삼한갑족(三韓甲族) : 우리 나라의 대대로 문벌이 높은 집안.

전북송가(全北頌歌)

동(東)에는 활기찬 소백(小白)의 줄기,
서(西)에는 탕탕(蕩蕩)한 황해(黃海)의 물결.
그 사이 밭머리에 태양이 솟고,
논두렁에 달이 지는 기름진 들판.

날빛 다사롭고 비바람 순조로워,
땅에는 오곡백과 물에는 금린옥척(錦鱗玉尺)
묏부리 수려하되 험하지 않고,
강물은 그득하되 여울 없으며,
이 강산 정기 받아 모진 사람 아예 없는
어질고 예절 바른 선비의 고장.

말씨 부드럽고 마음씨 순박하여,
고을마다 충신·효자, 마을마다 재자가인(才子佳人).
쌀독에서 인심(人心) 나는 호남 북도 복 받은 곳
평화롭고 가멸진* 동국의 낙토(樂土).

한때는 이리 떼*들 물어뜯어 거덜났고
요마적 난리꾼*들 옥죄어 야위었으나,
창송(蒼松) 같은 군자절(君子節), 녹죽(綠竹) 같은 열사조(烈士操)로

사악(邪惡)을 물리쳐 이겨낸 우리
민주, 자치 깃발 아래 떨쳐선 오늘
한 손에 책을 들고 한 손에 괭이 들어
빛나는 의관문물*(衣冠文物) 다시 세워 일으키고,
겨레를 살찌울 땅 절구고 일으키어
새로 심고 가꾸고 거두고 늘리어서
먹고 남아 이웃 주고 쓰고 남아 남을 주는
요순천하 희황상인(羲皇上人) 못지않은 백성 되어
강구연월(康衢煙月)에 함포고복(含哺鼓腹) 흥에 겨워
어여로 상상뒤요 구성진 노랫가락,
지화자 절시고 멋들어진 춤사위로
복된 나날 즐기면서 보란 듯이 살아 보세.

| 붙임 | 지난해 연두시를 보고 좋이 여긴 '전북 애향 본부'에서 또 연두시를 지어 달라 청탁하기에 난처하였으나, 거절치 못하고 지어 보낸 것.
(1996년 〈애향전북〉 101호)

*가멸지다 : 부요(富饒)하다.
*이리 떼 : 왜적.
*난리꾼들 : 군사 정권.
*의관문물: 문명과 문화.

제 3 부
가시나무꽃
(풍자의 노래)

가마우지
굴비 같은 것
정문일침(頂門一鍼)
효빈족(效顰族)
그들은 좋겠네 <평시조와 반사설시조>
모발(毛髮) 오염 사태 <평시조와 반사설시조>
아이러니
발레춤(Ballet)
먹을콩
콩밭아타령
기적 아닌 기적
국풍(國風) 오염
사과 상자
탱자 같은 사람
살구
아리랑 별곡
종살이와 해방
세계화와 사대주의

가마우지

여기는 중국의 제일강산
계림(桂林)의 이강(漓江) 유람선 위.

10만이 넘는다는 죽순 같은 봉우리,
산자락을 핥으며 곤곤(滾滾)히 흐르는 물.

경개 장히 좋다마는 딱한 일 하나,
저만치 떠 있는 고기잡이배.

장대로 딱딱 뱃전을 치면,
검은 새가 돌아와서 잡은 고기를 내놓는단다.

그 검은 새는 목이 살짝 묶이어서,
고기를 잡고도 삼키지 못해

주인에게 다 바치고 집으로 돌아가서
송사리나 몇 마리 얻어먹고 산단다.

허나, 아주 안 잡으면 죽일 테니까
마지못해 조금씩은 잡아 올릴 수밖에.

안쓰럽고 처량한 저기 저 가마우지
언제나 몸이 놓여 제 뜻대로 살게 되며,

애써 잡은 고기 남에게 뺏기지 않고
오롯이 제몫으로 챙길 날이 언제일꼬?

뱃고물*에 비끼*서서 생각에 잠겨 본다.
검은 새와 그 주인을 번갈아 바라보며.

(1994. 6. 10.)

붙임 1993년이던가 한중(韓中) 문학회의로 중국에 가서 보니, 민생이 빈궁하였는데, 요사이 가 보고 온 사람들 말을 들으면 국세가 놀랍게 발전했다고 하니, 다행한 일.

*뱃고물 : 배의 뒤쪽.
*비끼 : 비스듬히.

굴비 같은 것

시골 어느 농가(農家)의 주인 영감이 머슴에게 일렀더란다.
"내일이 제삿날이니, 장 좀 보아 오게. 저… 굴비 같은 거 한 두름, 밤·대추 같은 거 한 되씩…"

그 머슴 장바닥을 돌아다니다가 해거름에야 빈손으로 돌아가 복명(復命)하되,
"읎어서 못 사왔구마니라우."
"뭣이? 그래 굴비 같은 게 하나도 읎드라고?"
"애. '진짜 굴비 즉 참굴비'넌 많헌디, '굴비 같은 거 즉 가짜 굴비'넌 어딜 가도 읎다고 히여서 안 사고 그냥 왔당개라우."
"……"
말 잘못이 큰 낭패를 시켰던 것이다.
이 머슴이라는 사람은 예사 머슴이 아니라, 바른 말 쓰기를 깨우쳐 주려고 하늘이 보내신 사도(使徒)일런지도 모른다. 그럼에도 우리들의 대부분은 다음과 같은 말을 귀가 아프도록 하며 산다.
"저 같은 경우에는 이렇게 기분이 너무너무 좋은 거 갓해요*"

(2001. 11. 13.)

[붙임] 예전부터 좋은 교훈적 이야기가 있었음에도 불구하고, 오늘날 언중(言衆)들의, 언어에 나타난 의식 구조가 이렇게 엉성해서야 어찌 선진 문명을 기대하겠는가? 위의 예문을 바르게 쓰면 이렇게 된다.
"저는 기분이 아주 좋아요."
① '저 같은 경우'는 남까지 끌어들이는 말이다.
② '이렇게'는 쓸데없는 말이다.
③ '너무'라는 말을 함부로 쓰면 안 된다. 지나친 것은 모자라는 것보다 오히려 나쁘다. '너무너무'라 함은 매우 좋지 못하다.

*갓해요 : '갓해요'는 성립할 수 없다. '작애요, 높애요'가 있을 수 없음 보아 알아야 한다.
*갓하다 ; 15C.에 'ᄀᆞᆮᄒᆞ다(如)'라는 말이 있어, 'ᄀᆞᆮᄒᆞ니'가 'ᄀᆞᄐᆞ니'로 발음됨을 보고 'ᄀᆞᆮᄒᆞ'가 어간인데 'ᄀᆞᇀ'이 어간이라고 잘못 생각(誤分析)하여 'ᄀᆞᇀ고(>ᄀᆞᆺ고), ᄀᆞᇀ다(ᄀᆞᆺ다)'라는 말을 쓰게 되어, 이것이 현대어 '같다'가 되었다.
  지금도 어느 지방에서는 '많다(多)'를 '만허다'라, '많아'를 '만히여'라 한다. (전주 지방). 따라서 옛말 'ᄀᆞᆮᄒᆞ야(>ᄀᆞᆺᄒᆞ야)'를 현대어식으로 바꾸어 표기할 때 '같아여'로 할 수는 없다. 이 옛말 어간은 'ᄀᆞᆮᄒᆞ(>ᄀᆞᆺᄒᆞ)'이요, 현대어에 '아여'라는 어미가 없기 때문이다.

정문일침(頂門一鍼)

혼례식 주례 설 사람, 축사할 때 조심하소.
'검은 머리 파뿌리 될 때' 운운하면 큰일날레.
골드가 실버 되도록 해로(偕老)하라 하시소.

(새벽 21. 2003. 여름)

[붙임] ① 모발 염색을 개탄함.
② 외래어 숭상을 개탄함.

효빈*족(效顰族)

키는 굽을 높이어 발돋움으로 서 보이고,
코는 성형수술로 오뚝이 날세우고,
머리는 노랑 물 들여 밤[栗]색으로 바꾸고,

얼굴은 화장품으로 하얗게 맥질하고,
영어는 학원에 가서 돈 주고 사올지라도
파아란 눈*동자만은 무슨 수로 만들꼬?

파란 콘택트를 눈알에 밀착하면,
영낙없이 빼다박은 서양인 아니냐고?
앗어라, 제주도 유채꽃밭이 풀밭으로 보일라.

(새벽 21. 2003. 여름)

*효빈 : ①남의 흉내를 냄. ②남의 단점을 장점인 줄 알고 본뜸. 效 : 본받을 효.
 顰 : 찡그릴 빈. 옛날 서시(西施)라는 미인이 속병이 있어 잘 찡그리니까,
 동네 처녀들이 덩달아 찡그렸다는 고사에서 나온 말.
*파아란 눈 : 벽안(碧眼). ①서양 사람의 눈. ②서양 사람.

그들은 좋겠네 <평시조와 반사설시조>
── 어떤 젊은이들의 탄복

키는 구척, 솟을대문, 우리를 굽어보고,
코는 크고 높아 에헴하고 으스대기 좋고,
머리는 황갈색이니, '왕따' 될 리 없겠고,

피부는 백옥 같아 옥루*(玉樓)의 선관(仙官)이요.
눈알은 파란빛 쏘아* 황색을 녹색으로 바꾸어 보게 될 테니, 그 아니 환상적일까?

(2001. 10. 16.)

|붙임| 요즈음 서양 사람 혀 꼬부라진 말 잘하라고 어린 자식 혀의 수술을 시키는 사람이 있다고 하니, 앞으로 유전자 조작으로 노랑 머리, 파란 눈 자식도 만들어 낼 것인가?

*옥루 : 옥황상제의 궁전.
*파란빛 쏘아 : 청색+황색→녹색. 해학조로 한 말.

모발(毛髮) 오염 사태 <평시조와 반사설시조>

　요즈음 얼빠진 애들 서양 사람 부러워서
　검은 머리 부끄리어 노랑으로 물들이고,
　그러지 아니한 친구 '왕따'*로 몰아 주무른다나?

　머리가 검다 하여 왕따로 몰고프면,
　애끊은 친구 곯려먹지 말고 검은 머리 물려주신 조상이나 원망하여
　족보의 표지 이름을 〈왕따보〉라 하렷다.

　　　　　　　　　　　　　　　　　　(2001. 10. 15.)

[붙임] ① 2002년 월드컵 축구 경기를 보니까, 폴란드, 포르투칼, 이탈리아, 스페인 등등의 선수 중 검은 머리를 딴 빛깔로 물들인 사람이 하나도 없었다.
② 한 장이나 두 장이 긴 시조를 반사설시조라 한다.

*왕따 : 집단 폭행. 또는 그것을 당하는 사람. 근자의 유행어.

아이러니

　내 아는 어떤 양반 지압(指壓) 시술을 받았더니,
　입맛도 좋아지고 노랗던 머리털이 까맣게 변했노라고 못내 좋아하는가 하면,
　요즈음 속빠진 남녀 검은 머리 싫다 하고
　서양인 닮기 위해 벌겋게 물들이어 좋아라 거들먹거리니,
　그 병을 고쳐 주려면, 벌건 머리 검은 머리 되도록 머릿박을 꾹꾹 눌러 뒤틀린 머릿골도 바로잡아 줌이 어떨꼬?

(2001. 10. 1.)

　붙임　고르지 못한 게 세상사. 노소(老少)의 괴리, 상호 역방향.

발레춤(Ballet)

　벌거숭이같이 미끈하게 차린 남자가, 작은 우산 같은 짧은 치마를 걸치고 깡충깡충 발가락으로 서서 뛰는 낭창낭창한 여자의 옆구리를 붙잡고 들었다 놓았다 엎었다 뒤집었다 요리조리 흔들어대며 노리개처럼 가지고 논다.

　저 노리개 공중에서 가랭이를 쭉 뻗으면, 활짝 펴진 우산 속이 송두리째 드러나니,

　우세가 그 정도이면, 학질을 막고도 남겠다.

(2002. 11. 11.)

|붙임| 3장이 다 길어야 사설시조라 한다.

*우세 : '남우세'의 준말. 남의 놀림이나 비웃음을 받는 수치. 또는 그러한 언동. 큰 우세를 겪으면 학질에 안 걸린다는 속설이 있다.

먹을콩

어지어, 세상 사람들아, 오리*들 노래 들어 보소.
콩에는 콩나물콩, 메주콩, 쥐눈이콩, 완두콩, 강낭콩에 갓
끌콩, 작두콩에다 동부콩과 땅콩이 있어 영양가 아주 좋아,
밭에서 나는 고기라 하고,

삶은 콩, 볶은 콩, 초에 담근 초콩, 간장에다 졸인 콩졸임
모두 다 몸에 그만이라지만,

우리네 입맛에 맞는 콩은 먹자판의 먹을콩.

(2000. 9. 6.)

붙임 옛 장형시조에는 동질 사물의 기다란 열거가 많이 쓰이었다.

*오리 : ①새 이름. 鴨. ② 汚吏. 탐관오리. 이 작품에선 중의법(重義法)으로 쓰
이었다.

콩방아타령

갓 삶은 메주콩을 절구에 퍼담아 공이를 높이 들어 푹푹 찧는 아낙네의 방아타령을 들어 보소.

통 크고 손발 크고 입도 크고 배도 커서 먹성 좋은 거식가(巨食家) 있어 이콩 저콩을 닥치는 대로 꿀꺽 삼켜 넘기고서

아방궁 같은 고대광실 곤룡포 같은 의대*(衣襨), 비단 금침* 덮고 베어, 먹고 쓰고 던지고 남아 뫼두곤* 높이 쟁여* 놓고, 큰소리 꽝꽝 호령하며 으시대더니,

영욕이 무상하여 상전이 벽해 되어 암행어사 출두 한 번에 오라에 묶여 철창에 들어 콩밥이나마 하릴없이 먹는다데.

우리는 그저 폭폭 푹푹 콩방아나 힘써 찧어, 간장, 된장, 고추장 만들어, 쌀밥, 보리밥 아무 밥이나 되는 대로 지어 가지고 상추쌈으로 맛있게 먹어 보세.

(2000. 9. 6.)

*의대 : ①임금의 옷. ②무당의 옷.
*금침 : 이불과 베개.
*뫼두곤 : 산(山)보다도
*쟁이다 : 차곡차곡 쌓다.

기적 아닌 기적

6·25 50년 만에 이산 가족 만날 적에
치매로 귀머거리, 버버리 된 100살 어미
북에서 온 아들 보고 문득에 입을 열어
"못 간다, 이제는 못 가, 나를 두고 어딜 가?"

그 옛날 심(沈) 봉사가 맹인 잔치 마지막 날,
"아버지 절 보세요, 불효 자식 청(淸)이에요."
죽은 딸 살아서 울매 눈을 번쩍 떴다는 말 뉘라서 못 믿겠
다고 우기기만 할 건고?

(2000. 8. 25.)

국풍(國風) 오염

여자들 양악(洋樂) 소리는 옷을 벗어야 나는 소리.
성악이나 기악이나 우통을 벗고 하잖던가?
진실로 옷 안 벗으면 소리 아니 날 건가?

옷 하나 벗는다고 소리가 잘 나올진대,
옷 하나 더 벗으면 어떤 소리 나올 건고?
옷 벗기 이골이 나면, 비키니 차림도 나올라.

요즈음 국악에도 양풍이 침노하여
여자들 가야금을 우통* 벗고도 타더구나.
이 버릇 자꾸만 늘어 살풀이도 벗고 출라.

(2002. 12. 29.)

붙임 우리의 재래 음악·무용엔 가슴. 겨드랑을 드러내고 하는 일이 절대로 없었다. 예(禮)를 악(樂)보다 중요시하였기 때문이다.

*우통 : '윗도리'의 사투리.

사과 상자

한 상자에 드는 돈이 2억 원이라던가 3억 원이라던가?
그런 거 몇백, 몇천을 꿀꺽하고도 사과(謝過)는커녕
"오리발 얻어먹었지 언제 닭 잡아먹었나?"
손으로 하늘을 가리다 오라진* 자 그 얼마?

한두 해 콩밥 신세 특사령(特赦令)으로 풀려나서
삼킨 것 뱉지 않고 "돈 없네." 한다는군.
하늘 닿고 땅 덮는 돈 몸으로 잠깐 때우게 하면
그 같은 통 큰 손님*이 자로자로* 생길라.

(2000. 9. 5.)

*오라진 : 오랏줄에 묶인.
*손님 : 양상군자(梁上君子). '밤도둑'을 밤손님, '도둑 들었다'를 손님 들었다라고
  들 한다.
*자로자로 : '자주자주'의 옛말.

탱자 같은 사람

푸른 눈 노랑 머리 너무나도 부러워서
부모의 생김새를 창피하다 여기는지
눈엔 못* 머리털에 노랑 물을 들인 애야,
감귤과 비슷하지만 아닌 것이 무엇인고?

(2000. 9. 29.)

붙임 동양 사회가 머리털 빛깔 때문에 낙후하였단 말인가? 사이비(似而非) 존재는 꼴불견.

*눈엔 못 : 눈에는 푸른 물 못 들이고.

살구[杏]

어떤 한의사(韓醫師)가
T.V.에서 강연하되,

개고기[狗肉] 먹고 체한 데는
　　살구가 최고인데,

살구는 살구(殺狗)라는
　　말이기 때문이라고.

우습다, 살구[杏]의 옛말은
살구 아닌 살고인 걸.

(2000. 10. 8.)

붙임　살구 먹이고 개[犬] 죽여 본 일 있는가? 한자(漢字). 한문 중독자에게는
　　　백약이 무효.

*살구(殺狗) : '개를 죽임'의 뜻.

아리랑 별곡
—— 이산 가족 상봉 실황 방영을 보고

아리랑 에헤야 아라리요,
아리랑 고개를 넘어오소.
아리랑 고개는 웬 고갠고?
38선 휴전선 이 아닌가?
태산보다도 높았던 고개
평지를 오가듯 돌아오소.

아리랑 에헤야 아라리요,
휴전선 넘어 돌아를 오소.
견우와 직녀도 1년에 한 번은
오작교 건너 만난다는데,
마실을 가듯 오갈 수 있는 곳
다리〔橋〕가 없어 못 만났던가?

아리랑 에헤야 아라리요,
완충지(緩衝地) 넘어 돌아를 오소.
비행기 타면 50분인데,
50년 동안 무엇이 막아
부모와 형제 자매와 부부
못 만나 눈물로 지내 왔던고?

아리랑 에헤야 아라리요,
판문점(板門店) 넘어 돌아를 왔네.
죽은 줄 알았던 아들을 보고
버버리 노모(老母)가 입을 열었고,
식물인간(植物人間) 되었던 노부(老父)가
아들을 만나 귀 뚫렸다네.

　에헤야 끙끙 아라리요,
　비무장 지대 넘어를 왔네.
　와서 만난 건 좋거니와
　또다시 만날 기약도 없이
　강제로 눈물로 떠나야 하니,
　약 주고 병 준 것이 아닌가?

아리랑 끙끙 아라리요,
아리랑 고개는 괴물 고개
북쪽 아우와 남쪽의 형이
한 배 한 아비 소생이언만
하나는 '리가(哥)', 하나는 '이가'니,
어찌 된 일인지 알아맞히소.

아리랑 끙끙 아라리요,
나를 버리고 어디를 가?
올 때는 곧장 왔을지라도
갈 때는 곧장 못 하리로다.
너를 태우고 떠나는 차는
100리도 못 가서 고장이 날 거다.

(2000. 9. 8.)

종살이와 해방

미국 대통령이 집무하고 기거하는 집을 '화이트하우스'라 하니, 이걸 '하얀집'이라 옮기면 훌륭할 것을 '백악관'이라 한다. 이 때의 '악'자가 무슨 '악'자인지를 아는 사람은 국민의 1%도 안 될 텐데, 그래도 이런 말, 이런 한자를 써야만 하는가?

우리는 동양의 한자(漢字) 문화권에서 살아 왔으니까, 한자, 한자어(漢字語)를 버리면 안 된다고들 주장한다. 우습다, 우리가 지금 한자 문화권에서 해방되어야 하겠는 판에 한자 문화권을 내세워 해방됨을 반대함은 무슨 해괴하고 고집스런 억지 논리의 망발인가? 물론 한자어를 다 없앨 수는 없다. 그러나 한자 안 쓰기는 할 수 있다.

이 글은 시라고 보기 어려운 것이지만, 모국어를 경시한 시는 존재할 수 없어서, 국어 애용과 순화가 초미의 급한 일이 되었기에, 여기에 막간(幕間)의 긴급동의(緊急動議)로 끼워 넣는 바이다.

위와 같은 말을 하면 국수(國粹)주의니, 냉면주의니 하는 이가 많은데, 나만 이러는 게 아니다.

세종 대왕을 비롯, 300년 전 서포 선생과 그 뒤의 많은 선각자들이 목이 터져라 외쳐 왔던 것이다.

(2000. 9. 8.)

|붙임| 세종 대왕은 『월인천강지곡』을 지으시되, 정음을 먼저 크게 쓰고 한자를 다음에 조그맣게 쓰셨다.
　서포 김만중 선생은 우리 나라 일류의 한학자들의 한문으로 쓴 시문은 앵무새가 사람 소리 흉내냄과 같으니, 그것은 아낙네의 콧노래, 초동들의 흥얼거림만 못하다 하셨고, 스스로 국문 소설을 지으셨다.
　『서유견문』을 지으신 유길준 선생도 한글 전용을 주장하시었다.

*堊 : 백토(白土) 악. 색토(色土) 악.

세계화와 사대주의

오늘에 필요한 건 세계화라지만, 우리말을 최대한 외국어로 바꿔야만 세계화인가?

요즈음 '노하우(knowhow)'라는 말이 부쩍 많이 쓰인다. 동사에 부사가 붙어 명사가 된 기형어인데, 이것이 국어 사전에 실리기까지에 이르렀다. 그렇다고 꼭 이 말을 써야만 할까? 비결, 비방, 비법, 비요(秘要), 이런 말을 쓰면 누가 잡아가기라도 한다던가?

한번은 은행 대리라는 사람이 나더러 '재테크'를 하라고 하기에, 그게 무슨 소리냐? '再테크냐'고 했더니, 그렇다고 했다. 이상하다 싶어, 그게 아니라 '財테크냐'고 다시 물었더니, 또 그렇다고 했다. 뜻도 어원도 모르고 한 소리다. 이 말은 '한자(漢字) 음+외국어 테크니크의 약어'인 듯하다. 기형적 트기다. 우리는 예부터 식재(殖財), 식산(殖産), 화식(貨殖), 이재(理財)라는 말을 써 왔다. '식산은행'이라는 은행도 있지 않았는가? 길을 두고 뫼로 가랴? 트기말을 하려면 재늘림, 수수하게 '재불림'이라 함 직하다.

사바의 꽃 97

슬프다, 우리는 지난 2000년 동안 한자, 한문의 노예가 되어 금쪽 같은 우리말을 숱해 잃어버렸는데, 지금부터 또 2000년 동안 서양어의 노예가 되자는 말인가? 그리 되면 무엇이 남겠는가? 두렵다, 우리 자손들 불쌍하게 될라.

(2000. 9. 8.)

붙임 긴급동의 제2호. '아버지' 하면 될 것을 '부친, 가친, 엄친'이라고는 왜 하며, 남의 아버지, 돌아가신 아버지의 칭호는 왜 그리도 많은가? 왜인들 재래 옷을 우리 방송에서 '기모노'라고들 하는데, 이 말은 '옷, 입을거리, 의복'이라는 왜말이다. '왜인의 옷'이면 '왜복(倭服)'이라 하지, 왜 '기모노'라 하는가? 그들이야 뭐라고 하든, '기모노'라고 해야만 한다면, 외국인이 우리 한복(韓服)을 '옷[od]'이라고 해 주어야 하지 않을까? '열쇠'라는 말이 있음에도 불구하고 모두들 '키'라고 한다. '개업, 개관' 하면 될 것을 '오픈'이라 한다.

제 4 부
언어유희

여우들이 기쓰네
상수리
도토리
아그배[山査子]
오랜지
따져보기

여우들이 기쓰네

꽃다발 하나* 들고 옛고을* 찾아 들어
우리*. 오이 호박 밭에 가보자*고 나섰더니,
문전옥답 빼앗기어 천하대본(天下大本) 거덜나고,
물* 건너 들어온 여우*들 굴*(窟)을 파느라 기쓰네*.

(2000. 9. 11.)

붙임 망명(亡命) 선구자가 고국에 돌아와 본 광경을 가상해 보자. 말재주를 부린 해학적 풍자. 일종의 중의법(重義法).

*하나 : '꽃'의 왜말.
*옛고을 : 고향. 여기선 고국(故國).
*우리 : '오이(瓜)'의 왜말.
*우리. 오이 호박 : 민족의 산업.
*가보자 : '호박'의 왜말.
*물 : 바다. 현해탄(玄海灘).
*여우 : 왜적.
*굴 : 소굴(巢窟). 선조 때의 박인로(朴仁老)의 가사 「태평사(太平詞)」에 다음 구절이 있다.
 "도이 백만(島夷百萬)이 일조(一朝)애 충돌(衝突)ᄒ야 … 웅도 거읍(雄都巨邑)이 시호굴(豺狐窟)이 되얏거늘"
*기쓰네 : '여우(狐)'의 왜말.

사바의 꽃 101

참고 이 작품에 관련지어, 어려서 듣던 동요 하나를 기억나는 대로 적되, 잊어버린 대문은 땜질로 채워 써서 역사의 화석으로 남기를 바라며, 이를 안중근(安重根) 선생의 영전에 바친다.

일　일본 놈이
이　이등박문(伊藤博文)이가
삼　삼천리 강산을
사　사그리 먹다가
오　오사헐 놈이
육　육혈포(六穴砲)를 맞어서
칠　칠십도 못 먹은 놈이
팔　팔자가 사나워
구　구둣발에 채어서
십　십자로 나가떨어졌다.

상수리

김상술(金相述)이 이상술(李商戌)이
수리수리 마하수리,

독수리 죽지 같은
어깨에다 힘을 주고

정수리 털을 세워도
상수리 키 대보기.

잘나고 못났으면은
어느 쪽이 얼마나?

(2000. 9. 12.)

도토리

이도돌(李道乭)이 김도돌(金度乭)이
히읗(ㅎ) 빠진 도토리*들,

"너는 잘나 빅토리고,
나는 못나 외톨이냐?"

도리도리 고개 흔들며
토작타작 도리깨질,

도토리 키 대보기는
만날 해야 도루묵.

(2000. 9. 3.)

---

*'ㅎ' 빠진 도토리 : '도돌(道乭)이'의 '돌' 앞에 'ㅎ'을 넣으면 '도돌이'가 '도토리'로 발음된다. ㅎ+ㄷ→ㅌ(혼음 현상).

아그배〔山査子〕

옛날 어느 사둔*끼리 산길〔山路〕에서 문득〔頓〕 만나
아그배*〔査〕 나무 밑에 머물러〔屯〕 이약다가
시장을 때우느라 아그배*를 먹었더니.
둘이 다 배탈이 나서 "아그 배야*!" 했대서,
부부의 일가가 서로 사둔이라 한다지.

(2000. 9. 3.)

|붙임| 초장과 2장은 한자(漢字)에 사로잡힌 어원(語源) 풀이. 3·4장은 언어유희(言語遊戱).

*사둔=사돈. 이를 '査頓, 楂頓, 査屯'이라 씀은 모두 잘못.
*아그배 : 배〔梨〕와 같으나 크기가 상수리만 하다. 한약재로 쓰인다.
*아그 배야 : 아이고 배 아파.

오랜지

부자촌(富者村) 술집에서 놀아나는 오랜지족(族)
두목지(杜牧之)를 어찌 알고 귤만거*(橘滿車)를 흉내내어
난잡히 오랜지* 던지며 술 마신 지 오랜지라,
러브꾼 오라는 집*에 스스럼없이 찾든다*.

(2000. 9. 3.)

|붙임| 오랜지(orange)는 우리말의 등자(橙子). 부잣집 놀아나는 젊은 남녀들이 고급 술집에서 술 마시면서 장난조로 이 등자를 던지고 받고 하며 논다고 한다. 하기야 시전(詩傳)에도 과일 던지는 풍습을 노래한 것이 있으나, 본받을 것은 못 된다.

*귤만거 : 당나라 시인 두목지는 풍채 좋기로 유명한데, 하루는 그가 타고 가는 수레에 여자들이 귤을 던져, 그 귤이 수레에 가득 찼다고 한다.
*러브꾼 오라는 집 : 요사이 '러브호텔'이라는 게 있다고 한다.
*찾든다 : 찾아든다. '어간+동사'로 된 말.

따져 보기

벼룩이 몇 살이냐? 사람들 말 순엉터리.
스물스물 기니 40에 88 뛰니 64라며,
100하고 네 살이라 함을 모두 다 옳다고 한다.
틀렸다, 스물에 스물을 곱하면, 그것만도 400 아닌가?

(2000. 9. 9.)

붙임 중의법(重義法) 구사의 재미. 중우(衆愚)에서의 탈피. 맹종 타파. 비판 이
성의 수립.

제 5 부
재창곡(再唱曲)
(제1 시집 수록분)

1. 자유시
임께 한 말씀
학 울음
자화상(自畵像)
비각송(飛閣頌)
당신
은행잎
몸바꿈
공즉시색(空卽是色)
오경(五更)에
두루미
어항(魚缸)
참나무

2. 가새짬시조
가새짬시조 풀이
사계화(四季花)
꽃 소리

1. 자유시

임께 한 말씀
학 울음
자화상(自畵像)
비각송(飛閣頌)
당신
은행잎
몸바꿈
공즉시색(空卽是色)
오경(五更)에
두루미
어항(魚缸)
참나무

임께 한 말씀

있는 것* 고요히 있게 하시고,
움직일 것 그대로 움직이게 하소서.

산이 늘 우뚝이 그대로만 있다고,
바람이 부산히 스치기만 한다고,
임께 아예 푸념*은 아니하리다.

있다가도 없을 것 없게 하시고,
없다가도 있을 것 있게 하소서.
바윗돌 부서져 슬게* 하지 마시고,
빈 하늘 실구름 일게 하지 마시라고
임께 새로 빌지는 아니하리다.

내가 임께 억지를 아니 할 때에
스스로 내 마음이 놓아집니다.
아, 마음속 아늑한 꽃마을*에선
오늘도 지는 잎 하나 제 자리*에 놓입니다.

(현대문학 8호, 1955. 8.)

[붙임] 순리(順理)에의 귀의(歸依). 안심입명(安心立命)의 추구.

*있는 것 : 여기선 '정지해 있는 것'의 뜻으로 쓰이었다.
*푸념 : 불평을 퍼부어 말함.
*슬게 : 사라지게.
*꽃마을 : 이상향(理想鄕).
*제 자리 : 마땅히 있어야 할 자리.

학 울음

　그 천년의 울타리를 벗어나기 위하여 둘레도 없는 하늘빛이 모여드는 복판을 염(念)하여 깃 다듬은 나의 새 하늘을 파고든다.

　가지록 끝이 없는 수많은 층계 위에 항시 마지막 발디딤 너머 간극*(間隙) 없이 충만한 극광*(極光)의 초점들이 운한*(雲漢)처럼 번져 있는 아, 여기 무한의 가장자리에 그 무수한 궁창*(穹蒼)의 복판에서 비쳐나 수은(水銀) 방울처럼 나동그라지는 나의 그림자.

　돌아다보는 천년은 하루였고, 나의 북두(北斗)는 자정(子正)이 가까워라. 내 영혼의 마지막 일순(一瞬)의 직전에 서서, 돌아가는 자루가 영원히 제자리에 바라뵐 일점을 더듬어 외마디 소리 천년을 울음 운다.

　아, 의식(意識)의 간살을 누비질하는
　이웃이여!
　그 투명한 것이여!
　벽(壁)도 없는 설움이여!

(현대문학 37호)

[붙임] 두들기면 열린다는데 두들길 문도 없어 허공을 치는 무가내하의 번민에서 오는 처량한 절규.

*간극 : 틈새.
*극광 : 남북극 지방의 공중에 나타나는 아름다운 빛의 형상.
*운한 : 은하수.
*궁창 : 창천. 푸른 하늘.

자화상(自畵像)

저 세월 같은 강물 위에 닻줄 없는 배를 놓아
상앗대* 찍어박는 뱃사공을 그리자.
출렁이는 풍랑을 다스리기 위하여
어깨는 한쪽으로 치올라가고.

바람에야 불리어도 고향이야 못 잊을,
갈대밭 그려 우는 기러기를 그릴꺼나*.
사운대는* 소리 있어 뒤만 돌아보고 싶은
고개는 한쪽으로 외틀어지고*.

눈길[雪逕] 위에 그리자야 붉은 발자국.
걸음은 비슬걸음, 풀죽은 꽃을 안고,
어긋진 골목일래 기다리는 사람 없어,
시나브로* 떨어지는 꽃잎 밟아 가는 시늉.

임*을 찾아 헤매는 내 눈 앞에는
타오르는 노을도 칠흑의 바다.
꽃밭 속에 청맹과니* 그리어 보자,
임께서 거울같이* 내게 오실 때까지.

(현대문학 55호)

[붙임] 진리를 모르는 이는 모두 눈뜬 소경. 시인은 그 진리를 연모(戀慕)하는 구도자(求道者).

*상앗대 : 배질할 때 쓰이는 장대. '삿대'는 이것의 준말.
*그릴꺼나 : 이 'ㄹ꺼나'가 사전에는 'ㄹ거나'로 되어 있다.
*사운대는 : '사운사운' 하는 소리를 내는. 갈대〔蘆〕가 이치는 소리. 지은이가 처음 만들어 쓴 말.
*외틀어지고 : 한쪽으로 쏠리어 틀어지고.
*시나브로 : 서서히 조금씩. 전라도 사투리가 표준말에 편입된 말.
*임 : 진리. 구원자(救援者). 깨달은 경지.
*청맹과니 : 눈뜬 소경.
*거울같이 : 진리를 환히 밝혀 주시는 분으로.

비각*송(飛閣頌)

내 마음 느꺼움*에 떨리는 날은
저 추녀 끝처럼 날게 하소서,
울렁이는 가슴 꽃구름 위에
치치달아* 오르는 두루미같이.

살[肉] 올랐네, 죽지에 살이 올랐네.
땅에는 결곡*한 뼈만 남기고
승천하는 영혼의 모습을 지어
하늘에 매달린 꽃송이로 피었네.

임 앞에 받쳐 드는 정화수같이
온몸의 피와 살을 받들어 이고
하늘을 이받는* 거룩한 향연,
오, 이는 장엄한 육신의 승화.

메마른 땅속에서 샘물이 솟아
가지 끝에 오르는 꽃물 같은 거.
시드는 내 마음 쭉정이 속에
새로운 피가 돌아 여물드는가?

처마 끝에 떨어지는 빛방울* 소리
구을러 영락*(瓔珞)으로 어우러지고*,
깃을 치는 살갗 소리 하늘에 어리어
메아리는 두루미의 날개를 펴네.

(현대문학 55호)

붙임 생명 의식의 고양(高揚). 승화된 동경. 치솟는 낭만. 경건한 기도.

*비각(飛閣) : 하늘로 날아갈 듯 솟은 누각(樓閣).
*느꺼움 : 감동.
*치치달아 : 위로 달리어.
*결곡하다〔형〕: 깨끗하고 여무져서 허수한 데가 없다.
*이받다 : 잔치해 드리다. 좋은 음식으로 공양하다.
*빛방울 : 방울처럼 빚어진 빛.
*영락 : 구슬을 꿰어 만든 장식품.
*어우러지고 : '어울러지다'의 뜻의 옛말이다. 처음 이것을 '어울어지고'라 썼더니, 이 시가 발표된 직후 〈현대문학〉 월평(月評)에서 박목월(朴木月)님이 무슨 말인지 알 수 없다고 한 말이 기억난다.
　보기 : 첫소리롤 어울워뚫디면 글바쓰라. 〈훈정 언해〉

사바의 꽃 119

당신

당신의 있음을 꼭 믿기는
천 리 밖에서 살갗을 스치는
머리칼 하나로도 가슴 설레는
저 바다의 몸짓을 알면서부터.

이것은
춤추는 하늘을 찍어내는 판화,
이것은
노래하는 하늘을 박아내는 소리판,
이것은 찰나마다의 어긋남을 메꾸어
임 향한 충만으로 이어지는 완성.

여기는
영원한 임과의 합일을 위해
마음 가[邊]를 육신으로 채우는 자리.

문지르자, 노을로 멍든 앙가슴,
이마의 생채기*는 무지개로 싸매고,
빈 눈동자에 박히는 별빛.

나 여기 바다로 하고 있음은
틈 없이 와서 닿는 당신의 있음.

(현대문학 121호)

붙임 바늘 가는 데 실 간다. 하늘 율동에 바다가 접합. 찰나의 틈새도 없는 합일(合一). 나와 임과는 불가불리. '나' 있음으로 '임' 계심을 앎.

*생채기 : 할퀴거나 긁히거나 해서 생긴 상처.

은행잎

노란 은행잎이
소리 없이 떨어진다,
가볍게 가볍게.

봄철의 가뭄*과 여름철의 우박*은
다 잊어버리고
훌훌 떠나는 마지막 길이매,
소리 없을 밖에.

알탕갈탕 이룩한 보람도
모두 뿌리에 돌리고 지닌 것 없으매,
있음과 없음이 하나인 고향
그 곳을 찾아가는 영혼의 빛은
저렇게 금빛으로 빛날 수밖에.

(현대문학 465호. 1993. 9.)

붙임 집착 없고 불평 없어 부담 없는 마음. 생명 본원으로 가는 길에서의 법열(法悅).

*가뭄과 우박 : 혹독한 시련. 슬픈 과거.

몸바꿈*

거울엔 내 모습이 보이고,
하늘엔 일월성신이 보인다.

거울을 치우고 하늘을 보면,
하늘이 내 거울이 되어,
거기 비치는 나는 곧 일월성신.

(현대문학 465호. 1993. 9.)

[붙임] 소아(小我)를 벗어난 대아(大我)의 경지. 그것은 우주와의 합일(合一).

*몸바꿈 : 변신(變身). 마음의 혁명(革命).

공즉시색*(空卽是色)

방금 하늘에 무지개 섰더니,
이내 곧 사라졌다.

어디서 왔다가 어디로 갔는고?
온 데도 없고 간 데도 없다.

그것은 항시 거기 있는 것
안 보일 때도.

그것은 항시 거기 없는 것
보일 때도.

(월간문학 287호. 1993년 1월호)

[붙임] 무상(無常)이 존재자의 실상(實相). 상주(常住) 없음의 있음.

*공즉시색 : 색즉시공(色卽是空)과 표리를 이루는 말.

오경(五更)에

눈감고
삼경(三更)에 누워 있으니,
천지가 깜깜.

그대로
사경(四更)에 누워 있어도
매한가진데,

드디어 오경(五更)이 된 듯,
눈 속에 번히 비치는 하늘,
산 너머 그 너머서 동트는 소리,
해님* 맞이 꽃들이 풍기는 내음.

지금은
내 안과 밖이
하나 되어 열리는
꼭두새벽*.

(현대문학 1994. 7.)

붙임 선정(禪定)에 들면, 우주 형색성(形色聲)이 진여(眞如)하게 잡힐까?

*해님 : '햇님'이라 씀은 잘못.
*꼭두새벽 : 아주 이른 새벽.

두루미

수렁을 딛고도 의젓해야 하기에
다리가 길었으면 싶었던 게고,

진흙쯤 묻히고 살아 가야 하기에
꼬리 또한 걸맞게 검어졌겠지.

없는 듯 둥둥 구름 타기 좋아서
웃도리는 민패*로 하아얘지고,

외마디소리 즈믄 해를 뽑자니,
모가지는 늘어서 끼이이 뚜루룩.

아침해 받들어 문지른 자리
숫구멍 빛들어* 붉어졌느니.

처음 그 무엇이 너 되었노?
긴덧* 높이높이 날고 싶은 넋.

(현대문학 320호)

[붙임] 형체는 마음의 거푸집? 빛나는 생명의 시간·공간적 영역 확대.

*민패 : 민짜. 무늬나 꾸밈새가 없는 물건.
*빛들어 : 빛으로 물들어. 만든 말.
*긴덧 : 영원히. 만든 말.

어항(魚缸)

흰둥이, 껌둥이, 누렝이, 뻘겡이,
갇힌 속 헤매도는 인공 어족 대열(人工魚族隊列)

그중 맨앞의 똑똑한 놈 하나가
이쪽에다 대고 등장(等狀)*을 한다.
"그 뉘에게 보이기 위해서만 태어난 우리!
그런데도 배고프니 먹이를, 외로우니 짝을 찾아
투명의 벽을 치는 마련의 아픔!"

시킴이다 시킴이다, 모두가 다 시킴이다.
욕망도 주어진 것, 그 적은 채움 값으로
'나'* 없이 짊어진, '있음'에의 치름!
내가 지금 흐느끼며 어항(魚缸) 속을 보듯이,
임께서 눈물로 나를 보아 주실까?

(한국문학 132호)

[붙임] 모든 생명은 주재자(主宰者)의 섭리의 대상일 뿐인가?

*등장 : 여럿이 연명으로 관청에 호소함.
*나 : 주체성.

참나무

내 집 앞
즘게나무*
어험스런* 참나무.

오뉴월 무성한 차림으로도
아예 맵시라고는.

허나 어여쁜 까치들을 품안에 두어
아침 햇살 먼저 받아 우짖게 하며,

제주도 먼바다의 사나운 바람
미리 받아 몸 안에 빨아들이고.

그중 참되고 떳떳하기는
겨울 밤 어연번듯* 알몸으로 섰을 때.

네 미더운 가지 서리* 아니면,
내 외로운 밤 단 하나 단 하나의 벗
고운 달을 어디다 걸어 놓고 보리아?

네가 나와 달과의 사이에 서면,
나는 어엿한 너의 그림자;

내가 너와 달과의 사이에 서면,
너는 혼자인 나의 그림자.

(한국시 1989. 5.)

| 붙임 | 인내(忍耐) 끝의 고독의 극복과 승화. 빛나는 고독 속의 당찬 모습.

*즘게나무 : 거목(巨木).
*어험스런 : 위엄 있는.
*어연번듯 : 아주 떳떳하고 번듯한 모양.
*서리 : 여럿의 속.

2. 가새짬시조

가새짬시조 풀이
사계화(四季花)
꽃 소리

가새짬시조 풀이

시조의 초중장 음수율의 기본은 '3·4·3·4' 또는 '3·4·4·4'이다. 이것은 오랜 전통을 통하여 우리의 호흡이 배어 있는 것이어서 자연스럽고 마음을 편케 한다. 그러나 이것은 '3·4' 또는 '4·4'의 연속적 반복이어서, 기복과 변화가 없이 단조롭다 할 만하다. 그래서 이 단조로움에 생동미와 도약미를 부여하려고 시도한 것이 이 가새짬시조의 작법이다.

이 가새짬시조에서는 '3·4' 다음에는 '4·3'이, '4·3' 다음에는 '3·4'가 이어져, 각 장의 전후구 사이에 동일한 반복이 없고, 초장과 중장이 동일하게 되는 일이 없다. 그리하여 초장과 중장의 각 음보(音步)의 음절 수가 가위꼴(X자형, 지그재그형, 어긋매낌꼴)로 맞아떨어져 멋지게 어울린다. 초중장의 율조를 적어 보면 다음과 같이 된다.

초장 : $\boxed{3\cdot 4}\cdot\boxed{4\cdot 3}$

중장 : $\boxed{4\cdot 3}\cdot\boxed{3\cdot 4}$

이것은 초장이 3음절로 시작되는 것이다. 이것을 '삼기식(三起式)'이라 한다. 사기식(四起式)으로 하면 다음과 같이 된다.

초장 : $\boxed{4\cdot 3}\cdot\boxed{3\cdot 4}$

중장 : $\boxed{3\cdot 4}\cdot\boxed{4\cdot 3}$

연장시조(連章時調)에 있어서 제1연이 삼기식이면, 제2연은 사기식, 제3연은 사기식, 제4연은 삼기식으로 하는 게 좋다. 이렇게 하면 각 연의 초장 첫 음보의 배열이 또한 '3·4·4·3'이 되어 재미스럽다. 연장시조에서 꼭 이렇게만 하기가 쉽지 않다. 그래서 초장 첫 음보의 배열을 '3·4·3·4'로 하는 것도 용인하기로 하자.

두 연의 연장시조 초중장을 그림으로 그려 보면, 완전무결한, 사방팔방, 종횡무진의 대칭적 조화와 일사불란의 통일적 변화의 극치를 이루는 것이 된다.(☞ 그림풀이는 다음 쪽)

재래 시조의 종장의 음수율은 변화가 재미스럽기로, 가새짬시조에서도 그 형식을 도습하기로 하였다.

내 뜻은 시조를 꼭 가새짬으로만 짓자는 것이 아니다. 그런 형식으로 지어 볼 수도 있다는 것이다.

가새짬시조에서의 띄어쓰기는 음보 단위로 한다.

(시문학 1981. 4.)

참조 : 〈시문학 81.4. 나의 해설〉, 〈한국문학 81.6. 최승범 해설〉

대칭 · 상응도

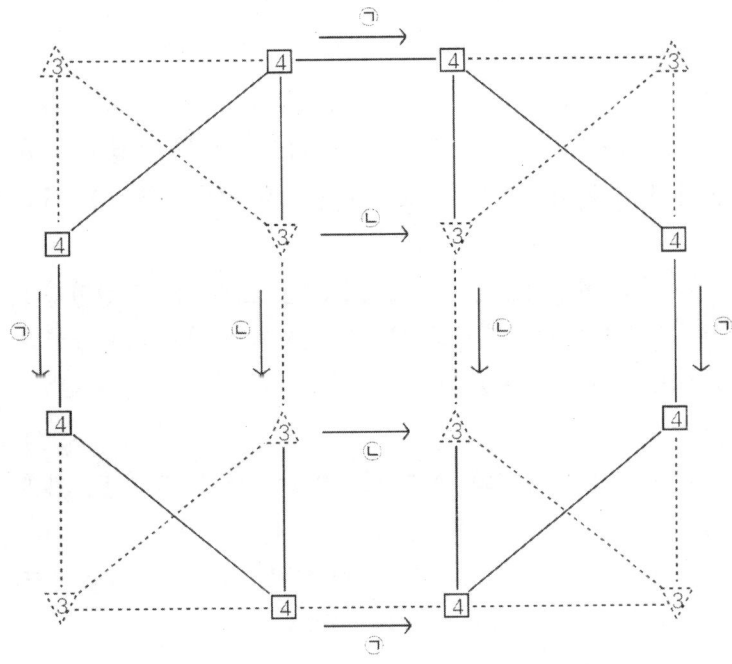

사계화(四季花) <가새짬시조>

봄에는 첫사랑의 정을쏟아 피기에
풍장치는 선머슴 고깔꽃 숭얼숭얼,
탈놀이 춤사위따라 함박웃음 짓는듯.

가지뻗고 잎버는 한여름 바쁨에도
기쓰고 피는양은 기음매고 돌아와
터판애* 빈젖물린채 남진*보는 아낙볼*.

금방망이 홍두깨 다듬은 비단자락
홍산호 빛방울로 맺혀틔어 피기는
서리친 늦가을밤을 물리치는 새아침.

곱기야 다곱지만, 지지않는 참꽃은
겨울밤을 수놓은 별들이 내려와서
고갱이 마디마디에 박혀피는 하늘꽃.

(시문학 1981. 4.)

*터팔다 : 어머니 뱃속에 동생을 두다.
*남진 : '남편'의 옛말.
*아낙 볼 : 부인의 볼.

꽃 소리 <가새짬시조>

하늘과 땅속에서 날과씨를 뽑아내
짜다듬은 비단폭 쪽쪽이 포갠망을
　지금막 금바구니로 피어나는 눈부심.

눈도코도 없으매 거울도 없는것이
흥보씨 박통열고 선뜻나선 아가씨
　어리는 맨도리*때깔 어찌꾸며 냈을까?

향긋한 저 모습은 크신임*의 마르심*,
귀에쟁쟁 그빛은 임의빛 받아비침,
　오롯한* 이내음새는 바로임의 풍기심.

다가붙어 눈감고 귀대어 엿들으면,
가섭씨* 입언저리 살짝웃음* 꽃피고,
　심봉사 따님보려고 번쩍뜨는 눈소리.

(한국문학 1981. 5.)

*맨도리 : 맨드리. 맵시나 모양새.
*크신임 : 조물주.
*마르심 : 재단(裁斷)하심.
*오롯한 : 완전한.
*가섭씨(迦葉氏) : 석가모니 제자.
*살짝웃음 : 미소.

제 6 부
평 설

생존의 밀약, 그 범신론적 해득 (이운룡)
시의 신전(神殿)을 찾는 나그네 (채수영)
시조시(時調詩)의 형식 미학(形式美學) (최승범)
현대 시에 나타난 동일성(同一性)의 추구 (박진환)
'은행잎'에의 투시력 (박이도)

생존의 밀약, 그 범신론적 해득
— 하희주의 시 세계

이 운 룡
(시인·문학평론가)

1

하희주(河喜珠) 선생은 올해로 8순이 되는 원로 시인이다. 건강이 좋지 않은 요즈음 두 번째 시집 『사바의 꽃』을 상재함에 이르러 필자의 졸필이 무겁게 느껴진다. 10년 전의 7순에는 등단 약 40년 만에 처녀 시집 『自畵像』을 낸 바 있으므로, 1955년 ≪현대문학≫에서 시 추천을 받은 약력을 생각하면 실로 반세기 50년 만에 두 번째 시집을 내는 셈이 된다. 과작(寡作)의 시인으로서 그 충만한 시심을 어떻게 갈무리하고 살았으며, 인생이나 사물과의 접촉에서 깨닫고 느낀 버거운 충격들을 어떻게 꾹꾹 눌러 다독이고 참아 왔는지 궁금한 일이 아닐 수 없다. 시를 사랑하고 인생을 사랑하고 섭리에 귀를 기울인 사람만이 가질 수 있는 진정성과 겸허한 마음이 아니었다면, 그처럼 시를 존재의 총화(總和)이고 득의(得意)와 유심(唯心)의 표상이 되게 승화시키지는 못했을 것이다.

　탈속한 노경(老境)의 정신적 관조를 통해 자연이 연출하고 있는 근원적 존재의 비밀 혹은 자연의 영묘한 섭리를 마음으로 보고 언어로 그리는 시인의 경험 세계 모두는 신비이고 조화이고 경이(驚異)이다. 때문에 상상을 뛰어넘은 생명체의 비밀한 생존 법칙과 그에 대한 범신론적 해석, 또는 시인의 직관에 의한 관상(觀想)이 눈부시게 아름답다. 이름 붙여 '생존의 밀약, 그 범신론적 해득', 혹은 '존재의 근원적 영물(靈物)에 대한 정관의 시', 또는 '존재의 비밀, 그 절대 탐험의 시'라고 할 수 있겠다. 이러한 관점에서 하희주 선생의 시를 살펴보기로 하자.

2

　존재의 근원에 대한 탐구심과 교감 신경의 반응은 사물을 통해서 명료하게 드러나 있다. 말하자면 바깥 사물을 관조의 품안에 끌어안되 외계의 사물을 내면화하여 그 이미지를 재해석하는 가운데 외계의 사물이나 인과율(因果律)에 얽힌 섭리와 존재의 비밀을 자연스럽게 깨닫게 되고, 그것을 시의 질료 혹은 질감 있는 언어로 구조화하여 한 필의 명주실을 짜내는 데 시인과 대상과의 밀약(密約), 그리고 비밀한 소통과 놀라운 울림이 거기에 내재하여 있기 때문이다. 그러한 소재들은 특별한 것이 아니다. 일상에서 보고 듣고 생각하는 범연한 사실이며 사물들이고, 미물로부터 영장류에 이르기까지 모든 생명체의 생존 방식과 비밀의 통로가 그 대상이다. 시의 제목만 보아도 별스런 것이 하나도 없다. 이 계통의 소재들을 보면 바다, 꽃, 어족(魚族), 조수(鳥獸), 곤충류(昆蟲類), 파충류, 초목 등이 대부분이다. 이러한 생명체들은 세상을 살아가는 자연의 법칙, 그 비밀한 생존 전략을 선천적으로 터득해 알고 있다. 그것들은 존재의 질서에 따라 먹고 먹히면서 스스로의 생명을 지키고 종족을 번식시킨다. 섭리에 순응하고, 뭉쳐 살든 단독으로 살든 살아가는 방법을 본능적으로 알고 있는 것이다. 대체 어떤 누가, 어떻게, 무슨 말로 가르쳐 주었기에 그것들이 역사 이래 오늘에 이르기까지 그렇게 진화를 거듭할 수 있었단 말인가. 자연을 지배하고 자연을 사랑하는 그 어떤 존재는 능력 이상의 초월을 꿈꾸는 자인가, 아니면 원초 근원으로서의 절대자인가. 있으나 없는 자인가, 없으나 있는 자인가. 아니면 있거나 없거나 그 모두를 완전히 일원화한 신적인 절대 존재인가?

「꽃을 보며」의 시는 그러한 절대의 힘, 보이지 않는 힘에 이끌리는 섭리와, 섭리가 던져 준 '끈'과의 교감을 완미(完美)와 신비의 영감(靈感)으로 풀어낸 작품이다.

    지상에서 제일 찬란한 것은
    천자만홍의 꽃이거니와,
    그것은 임께서 푸나무에다
    보람으로 나토시는 당신의 얼굴.

    꽃을 보면 누구나 웃음꽃을 피우는데,
    그 꽃 지으신 분 눈에는 어떠할꼬?
    내가 꽃을 보며 기꺼워할 땐

내 눈이 임의 눈 닮아 있을 때.

아니 아니, 내가 꽃을 보고 있음은
황홀한 임의 빛 쬐고 있음.
그 빛 흠뻑 쬘라치면,
사바가 온통 울긋불긋.

이 시에서 지상의 아름다운 꽃은 '임' 곧 '당신의 얼굴'로 환유(換喩)되어 있다. 임께서 가장 큰 보람으로 지은 것이 푸나무 꽃이다. 꽃들은 누구에게나 저와 같은 '웃음꽃'을 피게 한다. 그래서 '내가 꽃을 보며 기꺼워할 땐/내 눈이 임의 눈 닮아' 세상의 인간이나 만물이 꽃으로 보인다. 그것은 꽃과 나와의 호응이나 교감에 의해 존재의 이원성이 일원성으로 단일화하는 신비를 체험하는 순간의 황홀경, 바로 그런 체험이다. 왜냐하면 '내가 꽃을 보고 있음은/황홀한 임의 빛 쬐고 있음'이기 때문이다. 불교에서는 이 세상을 일컬어 '사바 세계'라고 말한다. '사바'는 고생이 많은 세계라는 뜻으로 인간 세계를 일컫는 말이다. 불교의 사바(娑婆)가 곧 속계(俗界)인 것이다. 선생의 시집 『사바의 꽃』은 여기에 연유되어 있다. '임의 빛 쬐고' 있으면 '사바가 온통 울긋불긋'한 꽃이 된다고 하니, '임의 빛'과 '꽃'은 동일성의 진여(眞如)이거나 절대 미(美)라고 볼 수 있으리라. 그러니까 '임'과 '꽃'은 사바 세계를 구원하는 그 어떤 존재임에 틀림없다. 그리고 시인 역시 '꽃을 보며 기꺼워'하고 '내 눈이 임의 눈 닮아' 있으므로 '임의 빛'과 '나' 역시도 동일성의 차원에서 일체가 된다.

그런 까닭에 시인의 사바 세계에 대한 대승적 미의식은 바로 꽃과 임의 빛과 나의 존재가 3위일체로서 탈속과 초월과 해탈의 심상에 해당한다고 볼 수 있다. 여러 시에서도 느낄 수 있는 터이지만, 근본적으로 너와 나와 우주, 그리고 지상의 자연 만물은 모두가 평등하고 절대 지존의 신적 존재라고 하는 범신론(汎神論)에 가 닿아 있다. 범신론은 만유신론(萬有神論)이다. 철학에서는 일체 만유(萬有)가 곧 신이어서 우주 밖에 신(神)이 따로 있지 아니하다는 주장이다. 아니, 신이 있다면 만유가 곧 신이라는 뜻이다. 신이 아니라면 초월자이거나 절대자 혹은 어떤 섭리에 의해 만유를 총괄하고 간섭하는 유일물(唯一物)이라고 말해도 좋을 것이다.

하희주 시인이 호소하거나 부르거나 투정하는 대상 즉 '임' 또는 '당신' 역시 만유에 거(居)하시는 만유신의 한 갈래일 뿐이다. 그러한 유(有)의 속성에 지나지 않는 범신론적 절대 개체인 것이다. 구체적으로 말하면 나도 신이다, 너도 신이다. 새와 짐승과 물고기와 풀, 나무들 모두가 절대의 생명체이므로 그것들의 개체도 어떤 의미에서는 신이 된다. 그 나름대로 존재의 한 개체로서 서로를 의지하고, 서로에게 영향을 주기 때문에 존재할 수 있는 것이며, 상대가 없이는 살아갈 수 없는 것일 때 너와 나, 새와 짐승과 물고기와 풀, 나무 들은 절대의 생명체이고, 이 세상에 없어서는 안 될 가치와 의미를 지니는 것이다. 그것들 하나하나가 다 사라지고 없다면 이 우주와 세계도 아예 존재하지 않는 것이 된다. 그 하나하나의 집합과 총화가 이 세상을 꾸미고 있고, 의식 있는 내가 존재하는 한에 있어서만 이 세상은 존재하는 것이기 때문에, 그것들 개체가 사라져 없고, 내가 없는 세상은 존재의 무(無), 바로 그런 것이 된다.

잠수함을 타고 남태평양의 해저 유람을 통해서 본 어족들의 군무(群舞)와 산호 꽃밭, 그 천하태평의 황홀경을 경험하고 쓴 시「별유천지」의 마지막 연에서 "一세계는 오직 사람을 위해서만 있지 않고/딴 뜻이 또 있어 존재하는 듯."이라는 말을 상기해 보아도, 시인의 속뜻은 존재의 비의(秘義)를 표상하고 있는 자연 자체를 섭리의 실체로 인식하고 있음을 은근히 내비치고 있다. 이 말은 가슴속에 오래오래 새겨 두고 음미하면서 생철학(生哲學)의 거울로 삼아야 할 명언이라 해도 좋을 것 같다. 그것은 말하자면 범신론적 세계관과 무관하지 않다.

선생의 시「영생(永生)의 방식」,「안 보이는 끈」,「파상진(波狀陣)」,「씨앗의 힘」,「검열관(檢閱官)」,「안 보이는 손」,「불가사의」,「초목은 어찌하여」,「초목의 의식(意識)」,「뽕삭새와 도마뱀」 등등 제1부의 시 대부분은 생존 방식의 비밀, 즉 만유(萬有)와 생명의 신비 세계에 관한 심상을 풀어낸 것들이다.

① 어떤 물고기는 바다로 나가 살다가
여울을 거스르고 물언덕을 뛰어넘어
천신만고 끝에 고향으로 돌아가서
알을 한 번 낳고는 기진맥진 쇠여지고,

또, 어떤 물고기는 알에서 깬 새끼들이
혼자 살게 될 때까지 눈코 뜰 겨를 없이
굶주리며 쉬지 않고 지키고 키우느라
피와 살이 다 빠져서 그예 숨을 거두지 않나?

목숨으로 낳고 희생으로 기르는
절대 불퇴전의 무량한 내리사랑,
낡은 몸 벗고 새 몸으로 갈아입어
영생으로 이어 가는 불멸의 끈.
       —「영생(永生)의 방식」전문

② 따스한 봄날 아침
양지밭 씨앗 구덩이에서
만유(萬有)의 인력(引力)을 뛰어넘어
버거운 지표(地表)의 저항을 뚫고
앳되고 고운 떡잎의 무리가
당차게 불끈 솟아올랐다.

어디서 났을까, 그 당돌한 힘?
하늘에서 났을까, 땅에서 났을까?
차라리 그런 데서 났다 싶으면,
내 가슴 이토록 뛰지 않으리.

씨앗 속에 갈무리된 놀라운 힘,
그것은 정녕 빌어 얻은 힘,
차력(借力)의 힘이다, 신차(神借)의 힘.
       —「씨앗의 힘」전문

 인용한 시는 생명체의 신비 체험을 자연의 섭리와 존재 본능의 오묘한 질서에 의해 파악된 경이감을 노래한 것이다. 연어의 생사(生死)에 얽힌 회귀 본능이 그렇고, 또 새끼를 위해 자기

희생을 주저 없이 감행하고 있는 가시고기가 그렇다. 그러한 '절대 불퇴전의 무량한 내리사랑'을 그 미물들이 어떻게 알아서 행하고 있을까가 시인의 마음을 사로잡는다. 하희주 시인은 그것의 힘을 '영생(永生)으로 이어 가는 불멸의 끈'이라고 해석하고 있다.

 본능이란 자연 섭리의 하위층에 속하는 것으로, 태어나면서 지니고 있어 학습이 필요 없는 요구나 행동 능력을 말한다. 이러한 자연의 능력은 한 곳에 붙박여 사는 식물에서도 마찬가지의 영묘한 신비를 체험하게 된다. 땅속의 씨앗은 봄을 맞이하면 연푸른 싹을 지상으로 내민다. 무겁고 칙칙하고 단단한 땅을 비집고 나오는 그 힘 역시 신비 그 자체이다. 시인은 씨앗의 불가해한 힘을 '신차(神借)의 힘'이라고 말한다. 인간 의식으로 보면 씨앗의 싹은 때가 되면 자연히 솟아 나오는 것이라고 생각될 뿐이다. 그러나 온 힘을 다히여 아스팔트를 뚫고 나오는 여린 잎과 줄기, 그러한 싹이 단단한 땅을 밀고 나오느라 얼마나 힘들었고 괴로웠을까는 생각하지 않는다. 그런데 그러한 사물의 발원이나 시초의 힘은 어디서 오는 것일까? 여기서 대자연의 섭리나 절대 초월의 신으로 말할 수 있는 힘의 논리가 성립한다. 그러나 힘의 논리를 증명하기 위한 절대신은 유일신(唯一神), 기독교 신(神)이 아니다. 범신론(汎神論)이 말하는 만유신(萬有神)이다. 선생은 이 범신론적 만유신에 천착하여 사물과 대좌하고 있으며, 그것들의 속성과 본질을 감지하고 있는 것이다.

 「보이지 않는 끈」에서, 거북이 새끼가 알에서 깨어나자마자 바다를 향해 달려가는 것을 보고 '안 보이는 것은 다 없는 것이고/보이는 것만이 있는 것이냐?/아니지, 아니야'라고 부정의 손을 살래살래 흔드는 것도 결국은 절대의 힘, 아니, '보이지 않는 끈'이 있기 때문이라고 말한다. 누군가가 잡아당기는 힘의 그 누군가는 자연의 섭리 세계에 존재하는 범신론의 만유신일 것이다. 「어련하시리이까」의 사계절의 반복 순환이나 철마다의 공덕이 모두 '당신'의 은덕 때문이며, '죄악의 구석과 질병의 그늘에서도/불안과 괴로움을 견딜 수 있음은/사람이나 짐승이나 날새나 미물이나/물고기나 바다풀이나 나무나 이끼까지도/당신의 영검한 다스림 안에서만/삶의 보람을 누리기 때문입니다.'라고 말하고 있는 점에 대해서도 자타간에 아무런 이의가 있을 수 없다.

시 「파상진(波狀陣)」에서, 독수리가 수천·수민 마리 새 떼를 덮치려고 달려들 때에 새들이 높은 파도 모양을 지어 달아나는 것도 예사로 보지 않는다. '작은 새의 눈으로 전체 태세를 보지 못할 텐데/무슨 수로 그 같은 형상을 지어 보이며' 또 '어떻게 살기 위한 진법을 터득했을까?'라고 의문을 제기한다. 「마른 잎나비〔枯葉蝶〕」는 아열대 지방의 섬에 서식하는 나비의 일종이다. 그들 나비는 마른 나뭇잎 모양을 하고 생명을 보존하고 살아간다. 그것을 보면서 가짜와 진짜의 다른 점은 '숨쉬는 것임과 숨죽은 것임'이라고 하여, 생과 사의 차이점을 직관 감성으로 풀이하고 있다. 또 「검열관(檢閱官)」에서는 그 어떤 절대의 지존을 만물의 영험한 '검열관'으로 비유하고 있음을 눈여겨 볼 필요가 있다.

푸나무는 대개 가루받이를 할 때 제 그루 제 포기의 꽃가루는 받지 않고, 딴 그루 딴 포기의 꽃가루만을 받아들인단다. 근친수분(近親受粉)을 배제하는 일이다.

눈도 코도 입도 귀도 머릿골도 없는 무정물(無情物)인 푸나무가 제 그루 남의 포기의 꽃가루를 어떻게 구별하며, 근친수분이 해로운지 이로운지 어떻게 안단 말인고?

푸나무의 꽃송이마다에는 검열관이라는 어른께서 지키고 계시어, 딴 가루·포기의 꽃가루만을 접수하게 하시는 것이다. 참으로 믿기 어려운 영묘한 작업인 것이다.

그러므로 푸나무의 가루가림〔選粉〕은 그 푸나무의 뜻도 능력도 아니다. 검열관님의 권능 행사에 달려 있는 것이다.
「검열관(檢閱官)」 1~4연

이 시의 '검열관'은 다름 아닌 초월자, 절대자, 만유신이다. 달리 말하면 자연의 질서를 통제하고 주재하는 초능력의 섭리의 힘일 것이다. 「안 보이는 손」에서는 공작새의 아름다운 꼬리깃이 저절로 된 것이 아니라, '안 보이는 손'이 있기 때문에 그에 의한 조화일 것이라고 말한다. 안 보이는 손은 절대신의 손일 터. 「불가사의」에서는 아프리카 코끼리 중 어금니가 볼 밖으로 뻗어나지 않는 놈이 나타난다고 하는데, 그 이유는 어금니 때문에 사람에게 살해되므로 그 재난의 근원을 제거하기 위해서라는 놀라운 진화 과정을 말한 시이다. 시인은 '개벽 이래 미증유의 일대 혁명적 변이 현상'이라고 감격하고 있다. 그것은

'자연의 수레바퀴를 멈추게 하는 일, 이것이 한낱 짐승의 뜻으로 이루어질 수 있는 것일까?'라고 하여 신의 뜻, 신의 섭리에 의해 그렇게 됨을 암시해 준다. 「초목의 의식(意識)」에서는 식육초(食肉草)나 식충(食蟲)풀 등이 벌레를 잡아서 녹여 먹는 일을 두고 푸새도 의식이 있는가를 상상하고 있다. 그러나 실은 푸새의 의식이 아니라, 대자연의 섭리에 의한 만유신의 능력 때문일 것이라는 점을 함의(含意)하고 있는 시이다.

 이와 같이 시인은 자연 사물의 오묘한 신비 세계를 천착하여 근원적인 힘, 놀라운 초능력 앞에서 황홀한 신음 소리를 내고 있다. 그러니까 보이거나 보이지 않거나 간에, 있음과 없음이 다 같이 하나의 존재 안에 통합되어 완성된 생명체가 된다는 사실을 인식함과 동시에, 무정물(無情物)이라 해서 그냥 있는 것이 아닌 이상, 만유 조화의 힘이 어디서 생긴 것인가를 탐구하고 해석하려는 근원적인 문제가 그 중심 과제라고 보아야 한다. 이처럼 관조와 직관의 능력으로 사물의 발원이나 시초 혹은 존재 근원의 힘을 음미하고 탐구하는 태도는 선생의 오랜 연륜과 무관하지 않다. 그것은 현상 안의 색(色)을 통하여 현상 밖의 공(空)을 발견하고, 거기에서 불교적 달관의 세계를 경험하게 됨과 동시에 존재의 비의(秘義)를 깨달아, 언어의 완미(完美)를 향유하려는 점에 시의 초점이 맞춰져 있기 때문일 것이다.

3

 앞서 논의한 범신론적 사유 체험은 변함 없이 계속되고 있지만, 제2부의 시에서는 설화 모티프가 끼여들면서 탈속(脫俗)의 경지를 소요하고 있으며, 더 나아가 삶에 부침(浮沈)하는 이 시대의 세태 풍자가 시의 주된 흐름으로 표현되어 있다.

설화 구조는 이야기를 풀어낸 시이다. 「도화원(桃花源) 옹달샘」이나 「옥수담(玉水潭) 야화」가 이야기를 지니고 있는 설화 구조의 시이다. 이 계통의 시는 시적 에스프리가 치열한 긴장감을 유발하지 않는 대신, 마음 푸근한 한유(閒遊)와 노년의 안심입명(安心立命)을 실감케 한다. 「도화원(桃花源) 옹달샘」은 노경의 심회를 읊조린 시이다. 별천지에 대한 이상향 지향은 근래 선생이 꿈꾸는 세계이고, 삶에 대한 진정이 아닌가 생각된다.

    난초, 지초, 불로초의 뿌리를 거쳐,
    땅속 깊이깊이 묻힌 바위층

    그 속의 결을 타고 스미었다가
    씻기고 걸러져 솟아난 물을

    내 마음 도화원
    옹달샘에다 받아 놓고,

    해와 달의 빛과 기운
    그 속에다 담가 놓고,

    하늘 끝 그 너머의
    별자리도 들여놓고,

무지개 쌍무지개
그 속을 뚫고 넘어

너울너울 날아가는
백두루미 쌍쌍

날갯짓과 숨소리도
그 속에다 풀어 넣고,

안개구름 실구름도
가뭇없이 사라지고

바람 자고 먼지 없어
더디 가는 맑은 나날,

감로수로 삭은 물을
동치미 국물 삼아
후루룩 마시면서 늘푸르게 살고지고.

해와 달과 별과 함께
분별 없이.

 '도화원'은 노경의 선생이 지향하는 이상향이다. 도연명의 「도화원기」에 나오는 '무릉도원'이 아니더라도 노령의 사람이면 누구나 그와 같은 꿈을 꿀 만도 하리라. 선생의 '도화원'은 세속적인 죄와 벌로 오염된 세상이 아니다. 마음이 곧 '도화원'의 옹달샘이다. 그 속에 일월성신을 들여놓고, 그 기운으로 쌍무지개도 띄워 놓고 있으며, 백두루미 날갯짓과 숨소리를 풀어넣고 있으니, 이만 하면 도연명의 별천지에 버금가는 이상향이 아니겠는가. 선생은 '도화원(桃花源)'에서 '해와 달과 별과 함께/분별 없이' 사는 것을 최고의 행복의 조건으로 생각하는 것 같다. 신선이 따로 없다. 도교적인 색채로 범벅된 이런 꿈은 인생의 황혼에 선 백발의 시인에게나 어울리는 심정적 회포라고나 할 수 있을지.

「옥수담(玉水潭) 야화」는 재미있는 일화가 끼여든, 참 화사하고도 가슴 두근거리게 하는 이야기 시이다. 웃음을 자아내는 대목과 시적 화자의 엄격한 조심성이 대조된 대목에서 우리는 자기와의 싸움에서 이긴 참된 인간 승리를 배우게 되고, 깨끗한 영혼의 진정한 내면을 읽게 된다.

        문수봉(文殊峯) 반야암(般若庵)에 피서하러 갔더기
        밤에 하산(下山)하던 사람의 겪은 이야기.

        산기슭 후미진 골짜기에는
        새들의 노래도 끊인 지 오랜지라,
        휘파람 소리 같은 산의 숨소리와
        거문고 가락 같은 벽계수 울림.

        딸그락거리는 지팡이 소리가
        옥수담 근처에 이르렀을 때
        지나가는 그를 알아차리고
        "야호!" 하고 부르는 소프라노 목청!
        그 소리 알 만하여 가까이 가 보니까,

못 속에서 황급히 뛰어나온 인어(人魚)가
물 뚝뚝 떨어지는 몸을 닦고 있던 중.
벗어 놓은 옷 하나 후림 직도 하였으나
구름 사이 달님이 굽어보고 있었기에,
차마 손이 부끄러워 떨어져 돌아앉아,
그 밤이 깊도록 주고받은 이야기는
흐르는 물에 던져 띄워 보내고,
다시 만날 기약 없이 떨쳐 일어나
마음 비우고 돌아섰더란다.

그때 야릇한 마음을 채웠더라면,
장돌뱅이 허 생원쯤 되었을 텐데,
좀처럼은 아무도 넘을 수 없는
아슬아슬한 고비를 넘어선 그는
제가 저와 싸워서 이겨낸 보람으로
진흙 뚫고 솟아나 더욱 빛나는
연꽃 같은 시인이 되었다더군.

    전에도 그러했지만, 요즈음의 설화 모티프 역시 여인과의 이상야릇한 해후가 그 제재임과 동시에, 흥미를 증폭시키는 동기 유발의 주조를 이루고 있다. 불꽃 같은 욕망을 죽이고 부처가 되는 경지가 따로 있다고 한다면 아마도 '연꽃 같은' 그 시인의 경우를 두고 하는 말이 아닐까 싶다. 언어의 형상미는 제쳐 두고라도 이야기 그 자체만으로 그지없이 아름답다. 그런 경지를 진선미(眞善美)의 발현, 진선미의 극치라고 말해도 좋을 것이다. '진흙' 속에서 건져낸 시인의 자질은 이런 것이 아닐까? 제가 저와 싸워서 이겨낸 보람으로 '연꽃 같은 시인이 되었다'는 것은 곧 참다운 시인은 부처가 되는 경지라는 것을 극명하게 명시한 시이다. 시집 이름을 『사바의 꽃』이라고 한 연유를 비로소 눈치챘을 것이다. '진흙 속에서 피워 올린 연꽃'의 의미와 이미지를 연상하여 시집 이름으로 정했다는 것은 또 한편 중생 제도의 불교적인 구원의 심상을 차용하여 시의 모티프로 인유(引喩)한 것일 터이며, 따라서 시인 자신의 인생관을 표상(表象)한 것이라고도 말할 수 있으리라.

시 「호접몽(胡蝶夢)」은 장자(莊子)의 '나비에 관한 꿈' 해석의 담시이다. 꿈을 정신분석학적으로 해석한 『꿈의 해석』이라는 책에서 프로이트는 "모든 꿈은 억압된 소원의 성취를 목적으로 한다"고 말했다. 그의 '꿈의 해석'의 주된 골자는 꿈속에 숨어 있는 욕망이나 불안을 자유연상에 의해 찾아내는 일에 관한 해석이다. 그러니까 꿈이란 인간의 무의식적 소망을 충족하려는 경향이 있다는 주장이다. 이러한 꿈의 해석은 수면 중에는 잠이 깨어 있을 때의 자아 활동이 저하함으로 인하여 억압된 욕망이나 불안이 변형되어 의식에 떠오르는 것이라고 상정하고 있다. 〈꿈-작업〉의 부분에서 그는 꿈이란 것은 무의식적으로 생각하고 있는 여러 가지의 대치, 암시, 상징, 검열, 왜곡 과정을 거쳐서 실제로 꿈속에서 보게 되는, 외형적인 내용으로 나타난 것이라고 생각하였는데, 이때의 잠재적인 꿈의 사고를 외현적(外現的)인 꿈으로 변환시키는 것이 꿈이 하는 작업이라고 말한 바 있다. 아래의 시에서 하희주 시인은 장자의 무의식적인 꿈과 실존의 현실은 '의식-무의식'의 차이만큼이나 결합 불가능한 것임을 재미있게 인유(引喩)하고 있다.

옛날 어느 철인(哲人)이 꿈에 나비가 되어 놀다가 깨어나서 이르되,
"내가 나비가 되어 있었던가, 나비가 나 되어 있는가?" 하였더란다.
그의 의식 속에는 꿈과 생시가 섞바뀌어 있던 탓에 꿈을 꿈인 줄 모르고 생시를 생시인 줄 몰랐던 것이다.
만일 그가 꿈을 꾸면서도 자기가 꿈을 꾸고 있음을 자각하였더라면, 그는 꿈속에서라도 외쳤을 것이다.
"나는 나비가 아니라, 취생몽사에서 탈출한 각성인이다."
그리고 깨고 나서 자신에게 다짐하였을 것이다.
"나는 항시 실존적으로 존재한다."

아쉽다, 고왕금래(古往今來)에 이런 사람 없으리니.

무의식과 의식, 꿈과 생시는 일치할 수가 없다. 꿈은 꿈이고, 생시는 생시이다. 잠재한 현실이 무의식 속에서 활동할 때 꿈으로 나타난다는 것은 사실의, 또는 현실의 재구(再構)이고 재편(再編)인 것이며, 그것은 어디까지나 실상이 아니라 허상인 것이다. 장자의 나비는 일종의 암시이고 상징이다. 그러나 하희주 시인은 장자의 나비에 관한 꿈 이야기를 자의적으로 해석하여 생시의 '나'는 '각성인'으로서 '실존적으로 존재'하는 의식적인 인간임을 역설하고 있다. 따라서 꿈과 현실과의 간극을 깨닫기는 참으로 어려운 일이어서, 장자가 이것을 미처 깨닫지 못했음을 못내 아쉽다고 말하고 있다.

선생의 세태 풍자는 여러 작품에서 눈에 띈다. 「굴비 같은 것」, 「정문일침(頂門一鍼)」, 「효빈족(效顰族)」, 「모발(毛髮) 사태」, 「아이러니」, 「발레춤(ballet)」 등에서 보이는 병리현상을 사회적인 문제로 떠올려 꾸짖고 비꼬고 비판하고 있다. 잘못 된 유행어, 별난 치장과 행세, 무비판적인 서구 문화 수용, 전통성을 해치는 예술 등에 대하여 신랄한 어조로 비판하고 있음을 볼 수 있다.

① 혼례식 주례설 사람, 축사할 때 조심하소.
'검은머리 파뿌리 될 때' 운운하면 큰일날레.
골드가 실버 되도록 해로(偕老)하라 하시소.
—「정문일침(頂門一鍼)」 전문

② 키는 굽을 높이이 발돋움으로 서 보이고,
코는 성형수술로 오똑이 날 세우고,
머리는 노랑 물 들여 밤〔栗〕색으로 바꾸고,

얼굴은 화장품으로 하얗게 맥질하고,
영어는 학원에 가서 돈 주고 사올지라도
파아란 눈동자만은 무슨 수로 만들꼬?
—「효빈족(效顰族)」에서

현대 사회의 병적인 단면을 풍자한 시이다. 혼례식 때의 주례사는 우리말이지만, 요즈음의 젊은 세대는 고유어인 '검은머리'나 하얀 '파뿌리'라는 말 대신 '골드'나 '실버'라는 말 등 오염된 외국어와 머리 색깔에 더 익숙해져 있다는 시대적 병폐를 꼬집은 시이다. 그러니까 우리의 주인 정신과 미풍양속, 고유미(固有美)를 소중하게 아끼고 사랑해야 한다는 전통 정서를 천명한 시이다. 성형수술을 하고, 서양 사람 흉내를 낸다고 해서 '파아란 눈동자'까지 물들이거나 바꿀 수 없으매, 한국 사람은 한국 사람일 뿐이라는 사실을 깊이 상기시키고 있다.

4

위에서 본 바, 하회주 시인의 시는 이제 자유를 얻은 듯 언어에 아무런 장애를 받지 않는다. 마음에 있는 말을 꺼내기만 하면 시가 된다. 원숙한 경지에 이른 시정신이 언어로 승화하여 나오기 때문이다. 고령의 시인임을 감안하고 보더라도 선생의 시정신은 매우 맑고 깨끗하고 순수하다. 소박한 언어의 결 같지만 정답고 친근하게 가슴에 젖어 온다. 하나의 새로운 발견으로서 온갖 생물들의 생존 방식을 자연의 섭리 세계로 표상하고 있는 시들은 서정의 밀도를 넘어서 깨달음의 메시지를 담담하게 담아 내고 있다. 오랜 득도의 상념이 무기교의 경지를 넘어서 사물과 내가 하나의 정점에서 만나고 있다는 증거이리라. 그래서 아름답다. 특히 범신론적 세계관을 천착하여 자연과 만물의 근원적인 존재 원리를 절대의 섭리로 해석하고 있고, 그러한 한에 있어서 생명체의 생존 비의를 관조하면서 만유신의 조화를 시의 중심 언어로 형상화하고 있다는 사실은 한국 시문학의 또 하나의 큰 수확으로 기록될 것이다. 그래서 선생의 시는 발견의 시학, 생명의 시학, 존재의 시학, 섭리의 시학, 만유신의 시학이라고 말해도 좋을 것이다.

시의 신전(神殿)을 찾는 나그네

채 수 영
(시인·문학평론가)

　사물을 통해서 그림을 그리는 시에는 일정한 통로를 확보—시인의 경험이 축적되어 나타난다. 여기엔 시만이 갖는 격식과 의식의 통로를 거치면서 상상력의 추출물이 새로운 세계를 향한 손짓으로 나타나야 한다. 이런 변용의 기술은 상상력과 경험의 요소가 결합하여 전혀 다른 속성의 이질적인 결과로 나타날 때, 시는 창조물이 된다. 창조엔 생명의 호흡이 있다.

　　　포근한 봄날 아침
　　　양지밭 호박 구덩이에서
　　　만유(萬有)의 인력을 뛰어넘어
　　　버거운 지표(地表)의 저항을 뚫고
　　　앳되고 고운 떡잎의 무리가
　　　당차게 불끈 솟아올랐다.

　　　어디서 났을까, 그 당돌한 힘?

하늘에서 났을까, 아니면 땅에서?
차라리 그런 데서 났다 싶으면,
내 마음 이토록 뛰지 않으리.

씨앗 속에 갈무리된 놀라운 힘,
그것은 정녕 빌어 얻은 힘,
차력(借力)의 힘이다. 신차(神借)의 힘.
— 하희주의 「씨앗의 힘」

어둠은 동양 정신의 근저를 형성하는 원형이다. 모든 것이 잉태된 어둠은 빛 한 줄기에 우주의 문을 열게 된다. '씨앗'은 어둠이면서 미래를 담고 있는 이미지에 머문다. 물과 햇살과 온도라는 피상적 조건이 맞으면 어둠은 스스로 문을 열게 될 때, 새로운 의미—이를 '신차(神借)'라는 이름을 붙여 불가해함으로 돌릴 때, '씨앗 속에 갈무리된 놀라운 힘'에 감탄을 보내게 된다. 그러나 '놀라운 힘'이나 '빌어 얻은 힘'이기보다는 설명할 수 없는 다이머니언이라는 점에서 창조의 원리는 인간에게 놀람을 주는 우주의 원리에 이르게 된다는 점이다.

(월간문학 413호)

시조시(時調詩)의 형식미학(形式美學)

최 승 범
(시조시인·국문학자)

이 달에 발표된 시조시를 읽으며 그 형식미학적인 면을 잠시 생각해 본다.

시조시의 형식에 대한 논의는 1920년대의 후반기로부터 1930년대의 초에 걸쳐 활발하게 전개되었었다. 그리고 그 후로도 오늘날까지 심심찮게 이야기되어 온 것을 볼 수 있다.

장구(章句)의 문제를 비롯하여 시행(詩行)의 구분 및 연작(連作)·연작(聯作)과 연(聯)의 배열 등 시조시의 형식미학적인 추구가 그 주된 토픽이 되어 왔었다고 하겠다.

이 달의 〈한국문학〉에 발표된 하희주(河喜珠)의 「꽃 소리」에서 또 하나 시조시에 대한 새로운 형식미학적인 시도를 볼 수 있었다.

하 시인은 〈가새쫩시조〉라는 낯선 말을 사용하고 있다. 처음 대하는 이 용어 자체에 적이 당황하지 않을 수 없다.

1950년대 후반기에 등단한 이 시인은 꽤 오랜 동안 침묵을 지켜 왔다. 그런데도 그의 이름은 널리 알려졌다. 그는 우리의 고전과 현대 문학 및 어학에 대한 해박한 실력으로 많은 저서를 내 주었기 때문이다.

이러한 하 시인이 그 동안의 침묵을 깨고 이번에 시조시를 보여 준 것이다. 그것도 〈가새짬시조〉라는 새로운 레테르를 달아 내어놓은 것이다.

이에 대한 시인의 해설이 없어, 내 나름대로 생각해 볼 수밖에 없다. 이는 한시(漢詩)의 구성에서 흔히 말하는 〈가새염(簾)〉에서 끌어다 사용한 말이 아닌가 싶다.

절구(絶句)나 율시(律詩)를 짓자면 운(韻)자를 챙겨야 하고, 또한 평측법(平仄法)에 의한 글자의 배열을 하여야 한다. 그런데 글자의 높낮이가 가위 다리 모양으로 서로 어긋맞게 섞바뀌도록 한 것을 〈가새염〉을 쉬했다고 한다.

하 시인은 시조시를 3장 12귀체, 3행시형으로 보고, 그 초장과 중장의 두 시행(詩行)에 3·4의 율조를 서로 어긋맞게 섞바뀌도록 짜놓음으로써 〈가새짬시조〉의 형식미를 시도해 본 것이라고 하겠다.

    하늘과 땅속에서 날과씨를 뽑아내
    짜다듬은 비단폭 쪽쪽이 포갠망울
    지금막 금바구니로 피어나는 눈부심.

네 수 연작으로 된 〈꽃 소리〉의 첫수다. 초장과 중장의 우수구(偶數句)뿐 아니라, 그 네 귀를 다 어긋맞게 짜놓았다.

    3·4·4·3

4·3·3·4

의 음수율(音數律)이 된다. 둘째 수는 이 율조를 바꾸어,

눈도코도 없으매 거울도 없는것이
　홍보씨 박통열고 선뜻나선 아가씨

4·3·3·4
3·4·4·3

이 되게 하였다. 셋째 수는 다시 첫 수의 율조를, 그리고 끝 넷째 수의 율조는 다시 둘째 수의 것을 밟아 쓰고 있다.

또한 4자귀에 있어선 띄어쓰기까지를 무시하여, 「날과 씨를」할 것을 「날과씨를」로, 「포갠 망울」을 「포갠망울」로 붙여 써 놓고 있다. 절구(絶句)나 율시(律詩) 등 한시에 있어서 한 글자 한 글자마다를 운(韻)자와 평측(平仄)으로 파악하듯이, 시조시에 있어서 한 귀 한 귀를 그러한 한자(漢字)처럼 보고자 한 것임을 알 수 있다.

뿐만 아니라, 3장과 3행의 배열에서도 중장을 한 자 올렸다 내렸다 하여, 네 수 한 편의 각 수마다의 시행(詩行)의 첫머리가

　　　　∧
　　　　∨
　　　　∧
　　　　∨

꼴을 이루도록 하여 놓고 있다. 이와 같은 행(行)과 연(聯)의

배열에서 우리는 「꽃 소리」, 그 소리의 진동감(振動感)・파장(波長) 같은 것까지도 시각화(視覺化)해 볼 수 있게 된다.

아무튼 하 시인의 이번 작품은 시조시의 형식미학적인 측면에 새로운 빛을 보여 준 것이라고 하겠다. 이러한 하 시인의 시도가 앞으로의 시조시에 있어서 어떻게 받아들여지고 또 얼마만큼 이어져 나갈 것인가의 그 성・패에 관한 것은 두고 보아야 할 것이다.

그러나 적어도 이 한 편 「꽃 소리」에 있어서만은, 한시(漢詩)에 있어서의 〈가새염〉을 생각게 하는 〈가새짬시조〉로 퍽 재미 있는 새로운 형식미를 보여 주고 있을 뿐 아니라, 내용의 시적 처리에 있어서도 최근의 시조시에서 보기 드문 작품이라 생각된다.

    다가붙어 눈감고 귀대어 엿들으면,
     가섭씨 입언저리 살짝웃음 꽃피고
    심봉사 따님보려고 번쩍뜨는 눈소리.

사물의 본질 추구에 있어서 어디까지나 동양적인 이 믿음직스러움, 이 섬세한 언어 감각, 이 참신한 이미지의 처리 등이 그렇다.

(한국문학, 1981. 6.)

현대시에 나타난 동일성(同一性) 추구

박 진 환
(문학평론가)

　현대인의 존재 양식, 그것을 한 마디로 단독자로 규정할 수 있고 이러한 규정의 배경에는 주관적 해석을 거부한 객관적 해석의 이른바 과학적 태도를 인식의 수단으로 하고 대자적(對自的) 시각이 작용하고 있다. 원인(遠因)으로는 인간 존재를 주종적 관계로 묶어 놓은 기독적 관계 설정에 대한 거부요, 근인(近因)으로는 천상적 절대, 초월성을 거부하고 지상적 이미지를 중시하는 니체적 철학이 깔려 있다.
　더구나 여기에 실존주의를 대입하였을 때 존재의 피투성(被投性)에 따른 존재 양식을 존재에 따른 필연성을 획득하지 못함으로써 단독자 의식은 필연적으로 제기될 수밖에 없게 된다. 단독자는 존재와 존재 사이에 가로놓인 간격에서 연유한다. 그 간격에 따른 단점과 소외, 차단과 고립성이 단독자 의식을 불러일으키고, 그 때문에 현대인은 존재의 불안과 존재에 따른 절망을 체험할 수밖에 없게 된다.
　이른바 현대인들의 죽음에 이르는 병은 이 단독자가 체험한 고독에서 연유한다. 고독은 존재와 존재 사이에 가로놓인 간격을 극복하지 못했을 때 야기되는 존재의 불안이 가져다 준 현대인의 존재에 따른 지배적 단면이다.

주체와 객체, 자아와 세계, 가시의 세계와 불가시의 세계, 현실과 이상, 물질계와 정신계는 자아와 자아를 해체하여 분열시키는 이원론적 대자적(對自的) 구체성으로 드러날 수 있다.

여기에서 요구되는 것이 동일성의 원리인 결속성이다. 현대시에서 제기되고 있는 동일성의 시학은 이른바 이러한 이원론의 복원 작업으로서 일원론으로 환원하고자 하는 존재에 따른 구원 방식이기도 하다.

나와 우주와의 공존 관계가 상실될 때 자아와 대상 간의 대화는 단절되고 소외의 그늘에서 절망적인 단독자로 인간은 전락할 수밖에 없고 이 때문에 공존에서 낙오한 객체의 협소화 공간에 감금될 수밖에 없다.

동일성 시학은 이러한 배경에서 출발한 자기 구원의 방식으로서 이를 시로써 실현함으로써 정신적 구원이기를 희망하거나 시사하는 일종의 문화적 방법이 될 수 있게 되고 또 그러기를 희망하는 창조적 수단이다.

동일성 시학의 골격은 자연과 자아를, 주체와 객체를 합일하고자 하고 부단한 인간 욕구의 결속성(結束性)을 근간으로 하고 있다. 종교적 해석으로는 신이나 절대자와의 접근 방식을 통해 합일 내지 일체화하고자 하는 구원의 방식이며, 철학에서는 대립과 갈등을 지양, 궁극적 합일에 도달하고자 하는 변증법이다. 특히 불교에서 반야심경이 보여 준 색불이공(色不異空) 공불이색(空不異色) 색즉시공(色卽是空) 공즉시색(空卽是色)과 같은 이원론적 상대성은 색과 공이 불이(不異)하므로 색즉공(色卽空)이라는 등식으로써 현상과 존재를 드러내는 색(色)과, 실체와 본질을 드러내는 공(空)은 분별지(分別知)의 세계에서만 서로 다를 뿐 득도적(得道的) 대오(大悟)에서는 그것이 바로 그것이라는 초월적 해석이다. 이러한 오묘한 진제(眞諦)의 발견에 도달하는 즉자적(卽自的) 해석이 바로 동일성 시학의 근간이다.

자아와 세계의 일체감, 자아와 자연과의 동화, 주체와 객체의 합일과 같은 동일성은 자아를 초월함으로써 존재와의 사이벽을 허물고 자아와 자아의 결합을 획득, 자아동일성을 성취한다. 이러한 동일성은 현대인의 자아 상실, 고향 상실, 세계 상실을 극복하고자 한 정신적 지향으로서 현대시에 즐겨 동원된 시의 한 양상이기도 하다.

하희주(河喜珠)의 시 「공즉시색(空卽是色)」(《월간문학》 1월호)은 한 예시(例詩)로 제시될 수 있을 것으로 본다.

> 방금 하늘에 무지개 섰더니,
> 이내 곧 사라졌다.
>
> 어디서 왔다가
> 어디로 갔는고?
>
> 온 데도 없고
> 간 데도 없다.
>
> 그것은 항시 거기 있는 것,
> 안 보일 때도.

그것은 항시 거기 없는 것.
보일 때도.

이 시에 나타난 사유 체계의 근거는 색(色)과 공(空)이라는 이원론을 전제로 하고 있다. 공즉시색(空卽是色)은 반야심경에 나온 말로서 공(空)과 색(色)이 불이(不異)하다는 뜻이니, 다르지 않다는 뜻은 바로 그것이 그것이라는 즉시(卽是)를 성립시킨다. 우리의 현상학적 감상 쪽에서 보면 철저한 모순이나 불교적 대오(大悟) 쪽에서 보면 공(空)과 색(色)이 조화로운 통일을 이루는 오묘한 진제(眞諦)의 발견이 된다. 일종의 반상합도(反常合道)로서 상식적으로 해석하면 위배되나 도로써 깨닫고 보면 합치한다는 뜻이니, 불교적 초월 개념이 개입해 있음을 알 수 있다. 불교의 원리를 한 마디로 요약하면 비유비무(非有非無)나 만유일체(萬有一體)로 해석할 수 있다. 있지도 아니하고 없지도 아니하다는 것은, 있고 없음을 넘어선 초월적 해석이고 모든 존재는 초월적으로 하나라는 해석은 불교의 본질은 연기설과 잇대어져 있다.

연기설은 윤회사상을 바탕으로 한 모든 생멸의 원리를 초월한 개념이다. 다시 말하면 죽지 않고는 다시 태어날 수 없고, 다시 태어나기 위해서는 일단 소멸해야 한다는 원리이니, 그 뿌리는 하나일 수밖에 없고 또 살고 죽음을 초월하게 된다. 이러한 이치는 일찍이 상징주의 현상즉가상(現像卽假像)이라는, 관념이 개체 현상에 무루하게 실려져 현상과 실체 사이에 조화로운 통일을 기대했던 철학적 맥락과도 일치한다.

또 이를 동일성의 시학에서 보면 즉자(卽自) 해석으로서 공즉색(空卽色)의 이원론의 전제가 일원론으로 환원(還元)하는 결속성의 원리가 된다.

(≪월간문학≫288호, 1993. 2.)
(제1 詩集에서 전재)

「은행잎」에의 투시력

박 이 도
(시인・문학평론가)

《현대문학》 9월호엔 과작인 하희주(河喜珠)의 시가 음미하기에 좋다.

노란 은행잎이/소리 없이 떨어진다./가볍게 가볍게.

봄철의 가뭄과 여름철의 우박은/다 잊어버리고/훌훌 떠나는 마지막 길이매./소리 없을 밖에.

알탕갈탕 이룩한 보람도/ 모두 뿌리에 돌리고 지닌 것 없으매,/있음과 없음이 하나인 고향/그 곳을 찾아가는 영혼의 빛은/저렇게 금빛으로 빛날 수밖에.
　　　　　　　　　　　—「은행잎」의 전문

실로 오랜만에 대하는 하희주(河喜珠)의 작품이다. 50년대에 등장한 시인인데 과작하는 편이다. 그와는 아직 면식이 없다. 그의 시를 통해 인상지어진 이름 석 자뿐이다.

이번 호에 실린 「변신」과 「은행잎」 두 편은 모두 인생의 한계를 연상하고 관조하게 되는 시편들이다.

대체로 계절의 순리에 따라 조락하는 낙엽을 보면 인생의 덧없음에 허무감을 다루게 된다. 하희주의 「은행잎」도 유사한 정조(情操)이나 깊은 관조의 여유가 크게 보인다. '있음과 없음이 하나인 고향/그 곳을 찾아가는 영혼의 빛은/저렇게 금빛으로 빛날 수밖에.'에서 인생의 관조가 드러난다. 그 앞의 '가볍게 가볍게', '소리 없을 밖에' 등이 간결한 표현으로 소박한 삶의 뒤끝을 생각하게 한다.

이것은 성경 야고보 5장에 있는 '내일을 너희가 알지 못하는도다. 너희 생명이 무엇이뇨. 너희는 잠깐 보이다가 없어지는 안개니라.'라는 구절을 연상하게 된다. 성경의 글은 신앙의 차원에서 윤리적인 교훈을 강조하는 것이다. 하희주의 시구는 인생의 마무리를 생각하게 하고 있다. 허무와 무상(無常)함을 세월이란 흐름에 비춰 보고 있다. 그러나 매우 절제된 감정으로 이끌어 간 것이 인상적이다.

하희주의 또 한 편인 「변신(變身)」도 같은 정조에서 지어졌다.

'하늘이 내 거울이 되어,/거기 비치는 나는 곧 일월성신(日月星辰).'이라고 했다. 이제 지상의 인생을 하늘의 성신으로 떠 있는 것으로 보는 관조와, 자신의 모습을 객관적으로 관조하는 멋과 여유가 좋다.

(「현대문학」 466호, 1993. 10.)
(제1 詩集에서 전재)

■저자 약력
출생: 1926년(전주).
자격: 고등학교 국어 교사 자격 검정고시 합격.
소속: 한국 문인협회 회원.
전력: 전주고등학교・중앙고등학교 교사.
등단: 1955~1958년에 ≪현대문학≫ 3회 추천을 받음.
사업: 모악 문학상 제정. 동 운영위원장.
수상: 전북 애향상 본상.
저서: 『고문교실』, 『바른 말 바른 글』, 『자화상』(시집).

사바의 꽃

2004년 3월 20일 1쇄 인쇄
2004년 3월 30일 1쇄 발행

지은이・하 희 주
펴낸이・한 봉 숙
펴낸곳・푸른사상

등록 제2-2876호
서울시 중구 을지로3가 296-10 장양B/D 202호
대표전화 02) 2268-8706(7) 팩시밀리 02) 2268-8708
메일 prun21c@yahoo.co.kr / prun21c@hanmail.net
홈페이지 www.prun21c.com
ISBN 89-5640-194-2-03810
ⓒ 2004, 하희주

정가 10,000원

*저자와의 합의에 의해 인지 생략함